Eine Arbeitsgemeinschaft der Verlage: Böhlau Verlag Köln · Weimar · Wien | Verlag Barbara Budrich Opladen · Farmington Hills | facultas.wuv Wien | Wilhelm Fink München | A. Francke Verlag Tübingen und Basel | Haupt Verlag Bern · Stuttgart · Wien | Julius Klinkhardt Verlagsbuchhandlung Bad Heilbrunn | Lucius & Lucius Verlagsgesellschaft Stuttgart | Mohr Siebeck Tübingen | C. F. Müller Verlag Heidelberg | Orell Füssli Verlag Zürich | Verlag Recht und Wirtschaft Frankfurt am Main | Ernst Reinhardt Verlag München · Basel | Ferdinand Schöningh Paderborn · München · Wien · Zürich | Eugen Ulmer Verlag Stuttgart | UVK Verlagsgesellschaft Konstanz | Vandenhoeck & Ruprecht Göttingen | vdf Hochschulverlag AG an der ETH Zürich

Design studieren |||| Herausgegeben von Michael Erlhoff |||| Bislang erschienen außerdem in der Reihe: |||| R.Baur / M.Erlhoff: Design studieren |||| U.Brandes / M.Erlhoff: Designtheorie und Designforschung

# Service Design
# Birgit Mager
# Michael Gais
# Wilhelm Fink

**Bibliografische Informationen der Deutschen Bibliothek** Die Deutsche Bibliothek verzeichnet diese Publikation in der Deutschen Nationalbibliografie; detaillierte bibliografische Daten sind im Internet über http://dnb.ddb.de abrufbar.

Gedruckt auf umweltfreundlichem, chlorfrei gebleichtem Papier. © 2009 Wilhelm Fink GmbH und Co. Verlags-KG (Jühenplatz 1, D-33098 Paderborn), ISBN 978-3-7705-4696-1 ||||  Internet: www.fink.de |||| Das Werk, einschließlich aller seiner Teile, ist urheberrechtlich geschützt. Jede Verwertung außerhalb der engen Grenzen des Urheberrechtsgesetzes ist ohne Zustimmung des Verlages unzulässig und strafbar. Das gilt insbesondere für Vervielfältigung, Übersetzung, Mikroverfilmung und die Einspeicherung und Verarbeitung in elektronischen Systemen. |||| Printed in Germany

|||| Herstellung: Ferdinand Schöningh, Paderborn |||| Einbandgestaltung: Atelier Reichert, Stuttgart, nach einem Entwurf von Ulrike Felsing |||| UTB-Bestellnummer:

ISBN 978-3-8252-3113-2

**Dienstleistungen gestalten** Immerhin erwirtschaften in den Industrieländern die Dienstleistungen zwei Drittel und mehr des jährlichen Bruttosozialprodukts und beschäftigt dies die Mehrheit der Menschen. Außerdem sind Dienstleistungen verhältnismäßig umweltschonend und könnten bei guter Qualität und mehr Bewusstsein davon viele materielle Produkte (Autos, Waschmaschinen, Möbel ...) ersetzen.

Nur verlangen gerade Dienstleistungen hohe Kompetenz und die Entdeckung neuer Perspektiven – was wiederum präzise Beobachtungen, kritische Analysen und eben eine reflektierte Gestaltung voraussetzt. Mithin: Dienstleistungen brauchen Design.

Das ist so einsichtig, dass man sich nur wundern kann, wie spät Designerinnen und Designer das entdeckt und für sich beansprucht haben. Als zum Beispiel vor etwa 20 Jahren jemand in einer Design-Kommission der Europäischen Union eine Auszeichnung für Service Design vorschlug, gerieten alle anwesenden Fachleute darüber aus der Fassung, und noch als vor fast 18 Jahren ein neuer Fachbereich Design an einer deutschen Hochschule erstmals einen Lehrstuhl für Service Design einrichtete, lachten alle herzhaft. – Nun, mittlerweile hat sich das völlig verändert, und Service Design gilt sowohl unter sozialen als auch unter wirtschaftlichen Aspekten als eine der wirklich wegweisenden Kompetenzen von Design.

Dies international durchzusetzen und dafür auch ein intelligentes Studienangebot zu entwickeln, ist zumal der Autorin dieses Buches zu verdanken. Überzeugender, offener und einprägsamer hätte das deshalb niemand sonst schreiben können.

**Michael Erlhoff** Herausgeber

**Über Autorenschaft** Design begleitet uns überall und ist oft von entscheidender Bedeutung für die Sinnhaftigkeit, die Leichtigkeit und das Vergnügen in der Interaktion mit unserer Umwelt. Auch im Bereich des gedruckten Wortes ist das Design von entscheidender Bedeutung: Es beeinflusst die Lesbarkeit, es orchestriert durch die Form die Bedeutung, es kann stimulieren und animieren – es kann das Lesen zum Vergnügen machen. Somit gibt es eigentlich zwei Autorenschaften: eine inhaltliche Autorenschaft und eine gestalterische Autorenschaft.

Erstaunlicherweise ist jedoch der Name der inhaltlichen Autorin auf Publikationen immer an exponierter Stelle ausgewiesen, wohingegen der Name des gestalterischen Autors meist im Impressum verschwindet.

Um die wichtige Rolle, die Design in allen Bereichen unserer Gesellschaft hat, zu unterstreichen, haben wir uns entschieden, beide Autorenschaften als gleichwertig zu betrachten, und ich möchte an dieser Stelle betonen, was für ein großes Vergnügen es ist – für die Leser, aber auch für mich als Autorin –, wenn ein guter Gestalter, in diesem Fall Michael Gais, das geschriebene Material formt und ihm ein Gesicht gibt.

10 Ein paar Worte vorab ...

19 Eine kleine Geschichte des Dienens

22 Das Dienen in der Sprache

28 Das Dienen und die Ökonomie

38 Was ist Service?

42 Was ist Service Design?

48 Neue Themen und Erwartungen im Gesundheitswesen  *Shelley Evenson*

58 Wo wird Service Design eingesetzt?

62 Was ist das Besondere am Service Design?

68 Wie läuft ein Service Design Prozess ab?

| | |
|---|---|
| 78 | Design für öffentliche Dienstleistungen *Jennie Winhall* |
| 90 | Welche Methoden werden im Service Design eingesetzt? |
| 116 | Service Design studieren |
| 122 | Service Design in der Anwendung |
| 128 | Einige Fallstudien |
| 138 | Die Zukunft des Service Design *Fran Samalionis* |
| 148 | Spannende Perspektiven in der Service-Design-Forschung |
| 156 | Glossar |
| 164 | Literatur- und Linkverzeichnis |
| 172 | Autoren Biografien |

**Ein paar Worte vorab** Design ist heute ein selbstverständlicher Bestandteil in vielen Bereichen unserer Wirtschaft und unserer Gesellschaft: Investitionsgüter und Konsumgüter, Interfaces und Mode, Layout, Grafik und Corporate Design – in all diesen und vielen anderen Feldern ist Design heute am Werk. Manchmal explizit und deutlich benannt, oft auch implizit und vom Konsumenten unbemerkt. Meist jedoch professionell, systematisch und wirkungsvoll.

Am Rande bemerkt: Nicht immer ist das Design-Verständnis dabei optimal entwickelt. Noch immer gibt es Individuen, Institutionen und Unternehmen – ja, sogar Designerinnen und Designer –, die meinen, gutes Design beschränke sich auf das »Hübschen« von Oberflächen, auf Styling und Produktkosmetik. In unverantwortlicher Weise nämlich wird hier und da Design als Werkzeug zur zeitgeistigen Produktion von Tand eingesetzt – und das in einer Zeit, in der der sinnvolle Umgang mit Ressourcen sowohl in der Produktion als auch in der Entsorgung zu den wichtigsten Herausforderungen gehört. Und hier und da gibt es auch noch Designerinnen und Designer, die sich als Künstler begreifen und das Ziel ihrer Arbeit in der Expression ihrer individuellen Kreativität sehen und ihren Ehrgeiz auf die Aufnahme in Museen setzen.

Doch auf der anderen Seite mehrt sich die Einsicht, dass Design weit mehr ist als Oberflächenkosmetik oder Kunstersatz. Unternehmen weltweit stellen fest, dass

Design ein strategischer, wirtschaftlicher Erfolgsfaktor ist. Die Auswirkungen von systematisch eingesetzter Design-Kompetenz beziehen sich auf die Markenbildung, die Corporate Identity genauso wie auf die Innovations- und Gestaltungskompetenz für Produkte und für die gesamte Kommunikation. Design wirkt also gleichermaßen nach innen, in ein Unternehmen und dessen Selbstwahrnehmung hinein, und nach außen – wo es entscheidend zur Differenzierung von Mitbewerbern beiträgt. Herausragende und naheliegende Beispiele sind hier Apple, Phillips oder Bang & Olufsen.

In der Vergangenheit war Design vielfach eine Attitüde, mit der man sich und das Unternehmen schmückte, es war mangels aussagekräftiger Studien mehr ein Glaubensbekenntnis als eine fundierte Unternehmensstrategie. Das ändert sich glücklicherweise, und der wirtschaftliche Erfolg, der mit dem systematischen Einsatz von Design verbunden ist, wird in umfassenden Studien transparent. Einen hochinteressanten Überblick über die Wechselwirkung zwischen wirtschaftlichem unternehmerischem Erfolg und dem systematischen und konsequenten Einsatz von Design gibt der Design Council UK in dem Buch »The Value of Design Factfinder«, in dem die Ergebnisse einer im Jahre 2005 durchgeführten Studie zusammengefasst sind. Eine von vielen bemerkenswerten Erkenntnissen ist, dass designorientiert arbeitende Unternehmen den durchschnittlichen Aktienindex um 200% übertreffen. Und: Unternehmen, die Design in ihre Unternehmensstrategie integriert haben, konnten im Schnitt ihren Marktanteil um 6,3% erhöhen.

Auch Institutionen und öffentliche Einrichtungen erkennen die Innovationspotentiale, die in der Kooperation mit Designerinnen und Designern stecken, und integrieren Design in ihre strategische Entwicklung und operative Arbeit. Insbesondere in Großbritannien und in Skandinavien hat Design erfolgreich Einzug in den öffentlichen Sektor gehalten.

Und zunehmend realisieren auch Service-Anbieter, dass Design – oder besser Service Design – immense Potentiale für sie bietet. Obwohl der Dienstleistungssektor den zentralen Wirtschaftsfaktor in den westlichen – und inzwischen auch den östlichen – Industrienationen darstellt, stehen die systematische Entwicklung und Gestaltung, das Design von Dienstleistungen, noch am Anfang – und so eröffnen sich hier ungemein vielfältige Möglichkeiten für Unternehmen, Institutionen und öffentliche Einrichtungen, aber natürlich auch und insbesondere für Service-Designer und -Designerinnen.

Diese Publikation bietet allen Neugierigen fundiertes Hintergrundwissen zu der noch jungen Disziplin Service Design. Praktiker in der Service-Industrie sind hier genauso angesprochen wie Studierende und solche, die es werden möchten. Die folgenden Kapitel bauen aufeinander auf, sind aber auch entspannt und sinnvoll unabhängig voneinander zu lesen. Das Buch ermöglicht einen Einblick in den Paradigmenwechsel, der sich im vergangenen Jahrhundert vollzogen hat, einen Überblick über den Prozess und die Methoden, die im Service Design zur Anwendung kommen, zahlreiche Einblicke in Praxisprojekte und einen Ausblick in relevante Forschungs- und Vernetzungsprojekte. Darüber hinaus bietet diese Publikation einen umfassenden Überblick über relevante Publikationen, Links, Agenturen und Forschungseinrichtungen rund um das Service Design.

Dieses »Lehrbuch« will lehren – also Wissen vermitteln, aber es will auch inspirieren und neue Sichtweisen und Denkprozesse anstoßen, es will irritieren und manche Frage stellen, sie offen lassen – und vor allem will es begeistern für die Zukunft der Gestaltung von Dienstleistungen, für Service Design.

*Der Wecker klingelt und die Stimme des Moderators verbreitet furchtbar gute Laune ...*

*... Das Rauschen der Dusche übertönt den Stimmungsterror ..*

... die Zeitung liegt vor der Tür, für die Schlagzeilen reicht die Zeit noch gerade! ...

... Aber nein, das Telefon klingelt, mein Hotel aus Hong Kong ruft an, um mir die Reservierung zu bestätigen. Das war knapp, ich hatte mich wirklich spät darum gekümmert ...

Wozu eine historische Betrachtung? Im Design-Prozess ist es grundsätzlich sinnvoll und hilfreich, kontextuell zu arbeiten, egal ob Produkte, Informationen, Interfaces oder Services gestaltet werden. Im Rahmen der Recherchen werden die Arbeitsthemen in der Tiefe und in der Breite beleuchtet. Wenn wir den historischen Entwicklungsweg vom »Dienen« zum »Service« in diese Betrachtungen einbeziehen, gehen wir aus von der Annahme, dass sowohl Dinge – also materielle Formen – als auch »Un«-Dinge – also Systeme, Strukturen, Denkweisen oder Dienstleistungen – geprägt sind von ihrer anschaulichen und unanschaulichen Entwicklung, ihrer Herkunft und Geschichte. Wir haben es immer mit Gewordenem und Werdendem zu tun. Das Gegenwärtige erhellt sich, indem es als Gewordenes betrachtet wird. Bestimmte, aktuell nicht mehr zugängliche Aspekte behalten ihre Wirksamkeit. Diese Wirksamkeit wird verständlich nur aus der Betrachtung des Werdens.

Von daher dient die historische Betrachtung des Dienens einer Erweiterung des Begriffs und der eigenen Sehens- und Verständnismöglichkeiten. Sie ermöglicht einen Perspektivenwechsel, der uns einen anderen und tieferen Blick für das eröffnen soll, was es im Service Design zu gestalten gilt. Diese kleine Geschichte des Dienens kann und soll nicht historisch präzise und vollständig sein, sondern will Aspekte der Entwicklung beleuchten, die unserem Verständnis der Materie aus der Perspektive des Designs dienlich sind.

Sprache

Das etymologische Wörterbuch ist in frühen Phasen des Gestaltungsprozesses ein guter Freund – deckt es doch spannende Ursprünge von Begriffen auf und erweitert und vertieft somit unser Verständnis in der Design-Recherche. Bemüht man das etymologische Wörterbuch zum Begriff »Dienen«, stellt man fest, dass der Begriff von dem Wortstamm »tek« abgeleitet wird, der den Wortstamm bildet gleichermaßen für »Knecht sein« oder »Läufer sein«, aber auch für »Dirne«. Die Begriffe Demut (von Dienmut), die Dingung (abgeleitet vom Ding), die »Verdingung« des Dienstboten, der damit sozusagen zum Ding gemacht wird, verweisen darauf, dass das Dienen in der Abhängigkeit und Unterordnung unter einen Dienstherrn verankert ist und somit subaltern. Interessanterweise ist diese etymologische Herleitung des Begriffs Dienen oder Service in vielen Kulturen vergleichbar, nicht nur in den Kulturen, in denen der Wortstamm auf die lateinischen oder germanischen Wurzeln zurückgeführt werden kann. In Japan beispielsweise liegt eine Quelle des Wortstamms in den Begriffen Nadel und Frau und verweist so auf die tätowierte Sklavin.

Somit ist in einer Wurzel des Dienens der Beigeschmack des Unterwerfens angelegt – ein Beigeschmack, der sich in vielen Gesellschaften wiederfindet und aus dem heraus sich möglicherweise auch erklären lässt, warum die systematische und professionelle Gestaltung von Dienstleistungen bis weit ins 20. Jahrhundert so sehr vernachlässigt wurde und die Produkte, die sich begrifflich von »producere« ableiten lassen, also vom »vorwärtsführen«, in der gesellschaftlichen und ökonomischen Wertschätzung immer höher rangierten.

Spannende Einsichten zur Begrifflichkeit des Dienens ergeben sich auch aus der vergleichenden Untersuchung der Begriffe Dienstleistung und Service mit Hilfe des »Semantischen Differentials« von Osgood – auch dies übrigens eine Methode, die für Recherchen im Design-Kontext immer wieder erhellend ist und die Konnotationen eines Begriffes transparent macht. Im »Semantischen Differential« werden Adjektivpaare einander gegenübergestellt und die Probanden bewerten einen Begriff in Bezug auf diese Adjektive auf einer Skala. In der vergleichenden Untersuchung von Dienstleistung und Service wurde die Dienstleistung als tendenziell alt, weiblich und kalt bewertet – wohingegen der Service als modern und tendenziell warm bezeichnet wurde.

Eine Erweiterung dieser Untersuchung wurde 2006/2007 im internationalen Vergleich vorgenommen. Die nicht repräsentativen Ergebnisse einer Online-Befragung, die in 16 verschiedenen Ländern durchgeführt wurde, lassen aufgrund der sehr geringen Streuung die Hypothese zu, dass über alle Kulturen hinweg ähnliche Konnotationen mit dem Begriff Service verbunden sind.

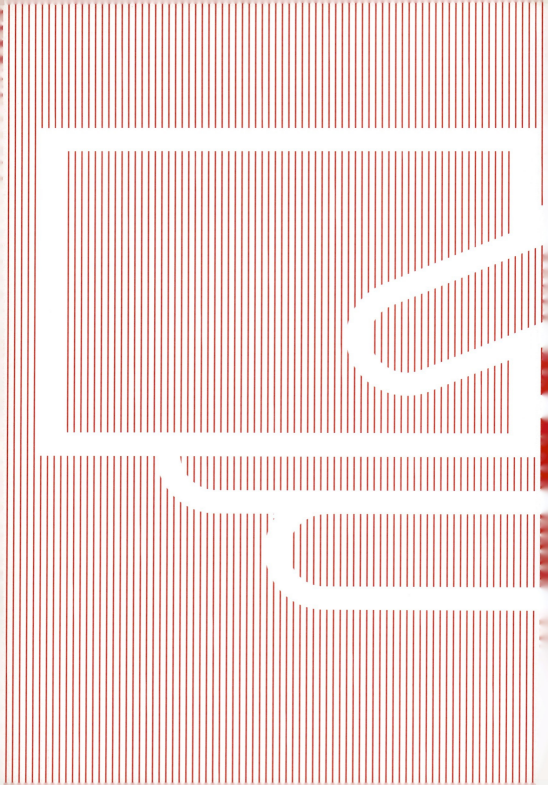

Als Adam Smith 1776 die erste große Nationalökonomie »The Wealth of Nations« veröffentlichte, war der Dienstleistungssektor nicht mit von der Partie. »The labour of some of the most respectable orders ... churchmen, lawyers, physicians ... is unproductive of any value.« Mit dieser Haltung stand Adam Smith in einer Tradition, die ihre Wurzeln schon in der Antike hat – auch da überließ man Dienstleistungen lieber den Sklaven, um sich dem Handwerk zu widmen, wenn man denn überhaupt arbeitete und nicht mit Politik und Philosophie, Essen und Trinken, Freundschaft und Feiern die Zeit verbrachte. Und noch lange nach Adam Smith finden wir diese durch das Produktparadigma geprägte Haltung. So sind die Dienstleistungsberufe in Statistiken Anfang des 20. Jahrhunderts teilweise noch als Hilfsberufe subsumiert, und Unternehmer betrachteten und betrachten sie häufig als kostenverursachende notwendige Übel. Aber die Welt veränderte sich – zunehmend lag der Fokus der Konsumenten in einer mit materiellen Gütern tendenziell gesättigten Welt weniger auf dem Besitz von Produkten als auf dem Konsum von Nutzen und Leistung. Indifferente Globalisierungsprodukte erfuhren durch Dienstleistung die erforderliche Differenzierung. Outsourcing von Services tat das Seine dazu – kurz, der Wirtschaftsfaktor Service wurde wichtiger und sichtbarer. Kontinuierlich vollzog sich der Wandel vom primären, also landwirtschaftlichen Sektor über den sekundären, also produzierenden Sektor hin zum heute dominanten tertiären, dem Dienstleistungssektor.
Aber erst in den frühen 1970er-Jahren wurde auf die wachsende wirtschaftliche Bedeutung des Dienstleistungssektors mit entsprechenden Versuchen einer sys-

tematischen Erforschung und Entwicklung dieses bisher ökonomisch und wissenschaftlich vernachlässigten und entwerteten Genres reagiert. Die Eigenständigkeit und die Besonderheiten von Service waren entdeckt und bildeten den Grundstein für die – insbesondere in den USA – schnell wachsende Community des Service-Marketing. Unterschiede im Konsumentenverhalten bei Service und Produkten wurden erforscht, der Einfluss des gegenständlichen Umfelds auf die Qualitätserfahrung war Gegenstand der Betrachtung, genauso wie unterschiedliche Gestaltungsmöglichkeiten für Wartesituationen – um hier nur einige wenige Beispiele zu nennen. Die klassischen »Marketing-P's« (Product, Placement, Price, Promotion) wurden um die drei »Service-P's« People, Processes und Physical Evidence erweitert.

Und auch wenn inzwischen das Augenmerk von Wirtschaft und Wissenschaft auf diesem wachsenden Segment liegt, ist der Umgang mit Service noch geprägt durch die Historie, durch das zweifelhafte Image der Dienstleistung und die lange Ignoranz der wirtschaftlichen Potentiale. Deutsche Unternehmen der verarbeitenden Industrie investierten im Jahr 2002 pro Jahr pro Mitarbeiter im Schnitt ca. 3.215 Euro in Forschung und Entwicklung. Dienstleistungsunternehmen dagegen brachten es im Vergleich gerade mal auf 67 Euro. 38% aller Industrieunternehmen führen Forschung und Entwicklung durch – der Anteil der Forschungstreibenden im Dienstleistungssektor liegt nach einer im Jahre 2000 durchgeführten Studie des Fraunhofer Instituts dagegen unter 10%. Und meist sind es, wenn überhaupt, vereinzelte Stabsstellen für Business Development, die sich um Dienstleistungsforschung und -entwicklung kümmern – ernsthafte Forschungs- und Design-Abteilungen sind noch die absolute Ausnahme.

Eine Studie, die der Design Council UK im Jahr 2005 bei 1.500 britischen Unternehmen durchgeführt hat, zeigt, wie wenig sich Dienstleistungsunternehmen mit dem Thema Design befassen. Während 41% aller produzierenden Unternehmen Design als integralen Bestandteil des Unternehmens betrachten, sind es nur 6% der Dienstleistungsunternehmen, die der Meinung sind, Design spiele eine wichtige Rolle. 55% aller Dienstleister konstatieren explizit, dass Designer in die Entwicklungsprozesse für neue Dienstleistungen überhaupt nicht eingebunden werden.

Dienstleistungen sind also der treibende Wirtschaftsfaktor in den westlichen und auch östlichen Industrienationen. Diese Entwicklung bringt einen zunehmenden Bedarf an systematischer Entwicklungs- und Gestaltungskompetenz für Dienstleistungen mit sich, einen deutlichen Bedarf an Service Design.

... Der Weg zur Hochschule zieht sich, ich muss noch tanken, und dann das:

Die Müllabfuhr steht in der schmalen Gasse, nichts rührt sich, da hilft nur tiefes Durchatmen ...

... Endlich da, die Putzkolonne verlässt gerade das Gebäude und an der Pforte ist ein kleiner Stau, aber es dauert nur ein paar Minuten ...

... der Pförtner gibt mir den Schlüssel und meine Post und ich laufe mit dem dicken Paket unterm Arm die Treppe hoch ...

... Nur noch ein paar Minuten bis zum Seminar, zum Glück hatte ich alle Unterlagen schon am Vortag vorbereitet ...

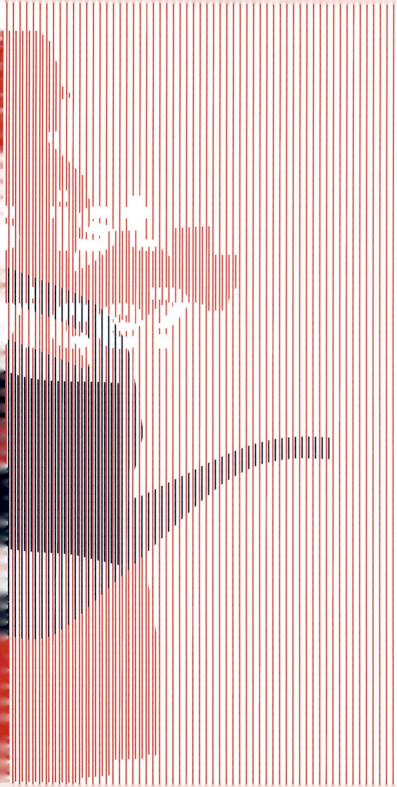

Dienstleistungen sind mannigfaltig und äußerst heterogen – doch bei aller Vielfalt innerhalb des Dienstleistungssektors gibt es auch Gemeinsamkeiten: Dienstleistungen, so die klassische Definition, sind immateriell, nicht lagerfähig, ortsgebunden, begrenzt standardisierbar, und sie werden vor den Augen des Kunden produziert. Häufig erfordert die Produktion die Mitwirkung des Kunden, teilweise in Anwesenheit anderer Kunden, und am Ende erwirbt man mit der Dienstleistung keinen materiellen Besitz, sondern ein Erlebnis oder eine Erfahrung, die in der Veränderung oder Beibehaltung des Zustandes eines Menschen oder einer Sache mündet.

So einfach ist es – oder war es. Denn auch wenn diese Definition noch teilweise ihre Gültigkeit behält, so hat sich doch einiges verändert. In den 1970er-Jahren, als die ersten systematischen Auseinandersetzungen mit dem Wirtschaftsfaktor Dienstleistung zur Festlegung dieser Kennzeichen führten, gab es weder PCs noch E-Mail oder Internet. Telekommunikation war teuer, technologiebasierte Selbstbedienung war eine absolute Seltenheit.

Nach den gravierenden Entwicklungen in den Informations- und Kommunikationstechnologien können Dienstleistungen sich sehr wohl materialisieren – oder besser: Sie können lagerfähig und testbar werden. Dienstleistungen sind absolut standardisierbar. Der Ort der Produktion und der Konsumtion sind ohne Weiteres zu trennen. Somit hat sich der Variantenreichtum für die Gestaltung in der Dienstleistungserbringung deutlich erhöht.

Eine weitere Veränderung betrifft die Betrachtung des Dienstleistungssektors als Ganzes. Hat man in der Vergangenheit deutlich unterschieden zwischen dem sekundären und dem tertiären Sektor, so verschwimmen diese Grenzen in heutigen

Betrachtungen. Es gibt kein Produkt, bei dem Dienstleistungen nicht eine Rolle spielen: sei es im Entwicklungsprozess, in dem Forschung, Design, Einkauf, Qualitätssicherung und vieles mehr ihre Services für das Gelingen des Produktes einbringen, sei es in der Produktion, in der Materialwirtschaft, Controlling, Absatzplanung und viele andere Dienstleister agieren. Oder sei es im Prozess der Vermarktung, die von Marktforschung über Marketing bis hin zu den Werbeagenturen Dienstleistungen benötigt. Auch bei Lieferung, Schulungen, Wartung, Entsorgung – egal in welche Phase des Produktlebenszyklus wir schauen – sind es Dienstleistungen, die wir dort finden. Und es gibt keine Dienstleistung, bei der nicht auch materielle Komponenten eine Rolle spielen: einerseits die materiellen Komponenten oder »Evidenzen«, die im Besitz des Dienstleisters bleiben, wie die Räume und deren Einrichtungen, wie Requisiten, die im Service-Prozess zum Einsatz kommen, andererseits die materiellen Komponenten, die in den Besitz des Kunden wechseln, wie Angebots-, Vertrags- und Rechnungsunterlagen, Prospekte u.a. Es gibt keine Dienstleistung, die nicht eine materielle Dimension hätte. Von daher spricht man heute oft von Produkt-Dienstleistungs-Einheiten, von »Lösungen«, die es zu gestalten gilt.

Was konkret ist nun Service Design? Service Design gestaltet Funktionalität und Form von Dienstleistungen aus der Perspektive des Kunden. So werden Service-Interfaces für immaterielle Produkte gestaltet, die aus der Sicht des Kunden nützlich, nutzbar und begehrenswert sind, aus der Sicht der Anbieter effektiv, effizient und anders.

Service-Designer visualisieren, formulieren und choreographieren Lösungen, die es heute noch nicht gibt. Sie beobachten und interpretieren Bedürfnisse und Verhaltensweisen und transformieren sie in mögliche zukünftige Dienstleistungen. Dabei kommen explorierende, generierende und evaluierende Design-Ansätze gleichermaßen zur Anwendung, das heißt: Design-Ansätze, die erforschen und verstehen, Design-Ansätze, die konzeptionieren, innovieren und gestalten, sowie Design-Ansätze, die bewerten und selektieren. Die Neugestaltung bestehender Dienstleistungen ist genauso Herausforderung im Service Design wie die Entwicklung innovativer Services.

Mit dieser Positionierung steht Service Design in der Tradition von Produkt und Interface Design und ermöglicht den Transfer bewährter analytischer und gestaltender Design-Methoden in die Welt der Dienstleistung. Insbesondere zu den aus dem Interface Design hervorgegangenen Disziplinen Interaction und Experience Design bestehen enge Verbindungen. Auch wenn diese Disziplinen noch vorrangig an der Gestaltung von Mensch-Maschine-Schnittstellen ausgerichtet sind, haben sich in der theoretischen und der methodischen Entwicklung Parallelen aufgetan bei der Suche nach den Faktoren, die in der Gestaltung von Erfahrung zu berücksichtigen und zu beeinflussen sind, wobei eben nicht die Erfahrung gestaltet werden kann, sondern nur die Bedingungen, die zu einer Erfahrung führen.

Der User-Centered Approach, der in den 1990er-Jahren im Interaction Design in den Vordergrund rückte und in der Entwicklung von Methoden wie der Persona-Creation mündete, ist einer der Ansätze, die im Service Design eine Weiterentwicklung und konsequente Anwendung in der Gestaltung von Mensch-Mensch- und Mensch-Artefakt-Interaktionen findet.

Das in der Dienstleistungsforschung inzwischen verankerte Verständnis von Produkt-Dienstleistungs-Einheiten führt in besonderer Weise dazu, dass im Service Design **die disziplinübergreifende Vernetzung von Kompetenzen**, die an sich schon ein Kennzeichen von Design-Prozessen ist, eine ganz zentrale Rolle spielt. Geht es doch immer um **die gleichzeitige Gestaltung immaterieller und materieller Aspekte** der Dienstleistung, geht es um Mensch-Mensch- und Mensch-Maschine-Schnittstellen, geht es um die Integration neuer Technologien zugunsten einer intelligenten und kundenorientierten Standardisierung und zugleich um die Gestaltung eines Erlebnisses, in dem Funktionalität und Emotionalität gleichermaßen berücksichtigt werden – Herausforderungen, die idealerweise in interdisziplinären Design-Teams gelöst werden.

Kann im Service Design also einerseits an theoretische und methodische Kompetenzen etablierter Design-Disziplinen angeknüpft werden, so eröffnen sich andererseits neue Fragestellungen. Wie können servicespezifische Methoden wie das im Service-Marketing entstandene Service Blueprinting weiterentwickelt und als Gestaltungswerkzeug optimiert werden? Wie können erfolgreiche designspezifische Methoden für die Gestaltung von Dienstleistungen nutzbar gemacht werden? Und wo entsteht im Kontext des Designs von Service – aufbauend auf bestehenden Methoden – eine eigenständige Disziplin?

In den folgenden Kapiteln soll der methodische Rahmen beleuchtet und anhand von einzelnen Praxisbeispielen veranschaulicht und konkretisiert werden.

An einem verschneiten Morgen im Dezember 2002 saß ich im Wartezimmer eines Krankenhauses, das sich in einem wohlhabenden Vorort von Chicago befindet. Es sah aus wie viele andere Wartezimmer: Es gab jede Menge Stühle, aber keinen Platz zum Aufhängen meines Mantels und keinen Ort für die bequeme Benutzung meines Laptops. Außerdem lärmte der Fernseher. Während ich an meinem Laptop arbeitete, sah ich viele Paare, die zusammen zur Anmeldung gingen und sich dann wieder trennten, indem einer von ihnen durch die Tür zur Darmspiegelung ging – genau wie mein Mann dies bereits getan hatte. Als die zweite Stunde der Today Show fast vorbei war, fiel mir langsam auf, dass Paare, die nach uns angekommen waren, nun bereits wieder zusammen die Praxis verließen. Ich spielte mit dem Gedanken, bei der Rezeption nachzufragen, aber ich wollte meine Sachen deshalb nicht einpacken und so blieb ich bei meiner Arbeit. Bald kam ein Mann auf mich zu, der genauso aussah, wie ich mir einen Arzt vorstellte. Er bat mich, ihm zu folgen. Ich spürte, wie die Augen der anderen im Wartezimmer auf mich gerichtet waren. Der Eintritt des Arztes hatte die Routine der morgendlichen Aktivitäten unterbrochen. Ich wurde plötzlich nervös und fühlte, wie aufgeregt ich war, als ich meinen Laptop, meine Tasche und meinen Mantel einpackte. Ich folgte ihm in ein dunkles kaltes Zimmer. Dank der Klimaanlage des Krankenhauses, die den Energieverbrauch effizient steuert, wurden die Licht- und Temperatureinstellungen erst angepasst, als wir das Zimmer betraten. Ich kann mich erinnern, dass der Tisch ziemlich groß war, sodass ich mich weit nach vorn lehnen musste, um den Arzt zu hören. Er sagte zu mir: »Ihr Mann hat Krebs.« Ich antwortete: »Aber das ist unmöglich! Uns wurde gesagt, es handle sich hier um eine bloße Formalität zur Kontrolle.« Er sagte dann: »Sie müssen mich zu Ihrem Mann begleiten und ihm sagen, dass er Krebs hat.« Ich war schockiert.

Normalerweise betrachten wir Dienstleistungen als Aktivitäten oder Vorgänge, die durch die Interaktion zwischen Nutzern, vermittelnder Technologie (falls vorhanden) und Vertretern des Dienstleistungsanbieters ein Service-Produkt bilden. In dem oben aufgeführten Beispiel ist dieses Service-Produkt ein Verfahren zur Krebskontrolle. Dienstleistungen sind aber auch »Performances«, also inszenierte Interaktionen, die am Ort ihrer Erbringung stattfinden und produziert werden. Eine Dienstleistung umfasst jeweils die Komponenten Mensch, Produkt, Prozess, Ort und »Performance«. Zur Durchführung gehörten in meinem Beispiel Ärzte, Krankenschwestern, technische Geräte, Tische, Stühle, Klimaanlage, Besprechungsräume, die Anmeldungsprozedur und die Art und Weise, wie Freunde und Familienmitglieder informiert werden, wenn es sich um schlechte Nachrichten handelt. Im Allgemeinen schließen Dienstleistungen die vielfältigen Interaktionen ein, die zwischen Menschen, zwischen Maschinen oder aber zwischen Menschen und Maschinen stattfinden. Die Touchpoints bei einer Reise durch das Dienstleistungserlebnis können entweder so gestaltet werden, dass sie miteinander harmonieren und die Voraussetzungen eines »nahtlosen« Erlebnisses bilden – oder eben nicht. Sowohl für Anbieter als auch für Benutzer macht der Gesamteindruck, also die Summe von Erlebnissen, die Marke aus. Im idealen Fall wird durch die Erlebnisse eine starke Beziehung zwischen Nutzern und Anbietern aufgebaut.

Was bedeutet das für das Gesundheitswesen? Das SPARC Innovation Programme der Mayo Klinik hat die jahrhundertelange Interaktion zwischen Patient und Mediziner in drei Phasen unterteilt: eine Zeit, in der es um medizinisches Wissen ging, eine andere, in der es um die Qualitätsverbesserung durch Innovationen und das Reduzieren von Kosten, Fehlern und Zeitaufwand ging, und die heutige Zeit, in der das Ziel ist, menschliches Wissen zu entwickeln, um Werte, Präferenzen und Erwartungen zu prägen. Laut neuesten Untersuchungen von McKinsey würden 75% der Menschen einen Krankenhauswechsel in Betracht ziehen, wenn sie bei einem anderen Krankenhaus besser informiert werden würden. Das Gesundheitssystem der USA steht vor einem radikalen Wandel.

Die Stadt Pittsburgh ist in den letzten Jahren als ein Zentrum für Gesundheitspflege und -forschung hervorgetreten. Das University of Pittsburgh Medical Center (UPMC) hat eines der qualitativ besten und meistbeachteten Gesundheitssysteme in den Vereinigten Staaten. Im Herbst 2006 begannen wir eine Zusammenarbeit zwischen Service Design und dem UPMC Center for Quality Improvement and Innovation (CQII). Wir arbeiten an Projekten mit unterschiedlichen Zielen, wie zum Beispiel der Verringerung von nicht eingehaltenen Terminen in einer Klinik für ärmere Bevölkerungsschichten, der Optimierung von Familien- und Patientenerlebnissen bei der Nutzung von Dienstleistungen in einer Klink für Neurochirurgie und der Einrichtung von Notaufnahmen und einem Labor für Herzkatheterisierung. Die beteiligten Teams bestehen aus 2 bis 6 Studenten, die jeweils aus unterschiedlichen Disziplinen, z.B. Informatik, BWL und Design, stammen. Bei jedem Projekt wird den Studenten ein Spezialist der CQII zur Seite gestellt. Diese Konstellation ist deshalb so effektiv, weil die CQII-Mitarbeiter medizinisches Wissen und die Studenten benutzerorientierte Methoden und unvoreingenommene Perspektiven mitbringen.

Zu Beginn der Projektarbeit setzen sich die Studenten mit dem Kontext des Projekts auseinander. Oft fängt dies damit an, dass die Teams fotografisch festhalten, wie sie die entsprechende Umwelt wahrnehmen. Denn sie haben gelernt, dass sehr gute Dienstleistungen ihren Angebotscharakter schon kommunizieren, bevor sie überhaupt als solche genutzt werden. In vielen Fällen geben die Bilder großen Aufschluss über einen Aspekt, den die Mitarbeiter oder Führungskräfte kaum wahrnehmen: die Dinge aus Sicht der Patienten oder ihrer Familien.

Oft verwenden die Teams die Methode des »Directed Storytelling«. Ihr Zweck besteht darin, Designern bei der Erforschung von Erlebnissen zu helfen, ohne langwierige ethnographische Forschung einsetzen zu müssen. Diese Methode kann schnell feste Muster in menschlichen Erfahrungen aufdecken. Das Wissen um diese Muster kann Studenten bei der Entwicklung von Ideen zur Gestaltung von Dienstleistungen helfen. In der Regel wird Directed Storytelling dafür benutzt, Situationen zu erforschen, bei denen das Design-Team tatsächlich keine andere umsetzbare Informationsmöglichkeit hat oder einen Ausgangspunkt für einen umfangreicheren Forschungsplan sucht.

In jeder »Storytelling«-Sitzung werden in der Regel drei Personen eingebunden. Die erste Person fungiert als Erzähler. Dazu muss er oder sie eine Erfahrung gehabt haben, die für das betreffende Erlebnis wichtig ist. Der Erzähler könnte zum Beispiel ein Patient, ein Familienmitglied oder ein Mitarbeiter aus dem Labor für Herzkatheterisierung sein. Die zweite Person (der studentische Leiter) lenkt den Erzähler in seiner Arbeit, und die dritte Person (der studentische Protokollant) dokumentiert die Sitzung. Je mehr Erzählungen dokumentiert werden, desto aussagekräftiger sind die Daten bei der Auswertung und Strukturanalyse. Es ist hilfreich, einen allgemeinen Leitfaden für die Sitzung zu entwickeln. Der könnte zum Beispiel die ersten Worte einer Sitzung vorgeben, wie zum Beispiel: »Erzählen Sie uns über einen typischen

Arbeitstag im Labor. Fangen Sie beim morgendlichen Aufstehen an.« Der Leitfaden soll das Wer, Was, Wann und Wie beantworten.

Während sich die Erzählung entfaltet, notieren die Protokollanten Ideen auf Klebezetteln. Diese Notizen stellen die Aspekte der Erzählung dar, die wichtig erscheinen, entweder weil der Erzähler selbst sie hervorgehoben hat oder weil die Protokollanten sie als wichtig empfunden haben. Die Erzähler dürfen und sollten vorhandene Requisiten benutzen, sofern das für die Erzählung hilfreich und sinnvoll ist.

Nachdem alle Sitzungen beendet sind, werden die Daten in einem sogenannten »affinity diagram« zusammengestellt: Zunächst werden die Klebezettel mit den Notizen an die Wand gebracht. Dann werden die Zettel in thematisch zusammenhängende Gruppen sortiert und entsprechende Namen für die Gruppen festgelegt. Durch diesen Prozess kann das Team die wichtigsten Themen identifizieren. Als Nächstes wird häufig ein Modell entworfen, das sowohl die Themen als auch deren Beziehungen zueinander widerspiegelt und dokumentiert. Das Modell kann zum Beispiel als eine Art Abkürzung für die typische Erfahrung im Labor dienen.

Nach Abschluss dieser eher explorativen Untersuchungen verwenden die Studenten generative Methoden, die Patienten, Familien und Mitarbeiter in Aktivitäten einbinden. Das kann zum Beispiel bedeuten, dass diese darum gebeten werden, Tagebuch über ihre Erfahrungen zu schreiben oder Bilder zum Dokumentieren ihrer Gefühle anzufertigen.

In der Familienklinik stellte das studentische Team fest, dass Informationen, die die Erwartungshaltung und Entscheidungsfindung der Patienten beeinflussen, schon am Anfang der Customer Journey angeboten werden müssen. Demzufolge entwickelten sie eine Posterreihe und ein Erinnerungssystem, die den Patienten klar und respektvoll erklären, was von ihnen erwartet wird.

Für das Labor für Herzkatheterisierung entwickelten einige Studenten eine »Mensch zu Mensch«-Ressource: Sie schlugen vor, dass das Krankenhaus eine neue Stelle schaffen sollte, eine nicht-medizinische Anlaufperson für den Patienten, seine Familie und seine Freunde. Diese Person würde nicht nur das Krankenzimmer vorbereiten, sondern auch Patient und Familie bei ihrer Ankunft begrüßen, für ihr Wohlergehen sorgen und sie auf die Angebote im Krankenhaus hinweisen.

Bei anderen Projekten in anderen Kontexten lag das Augenmerk auf einer verbesserten Orientierung. Das studentische Team, das mit dem Zentrum für Krebstherapie zusammenarbeitete, entwickelte ein Feedbackverfahren und ein Informationssystem. Diese verfolgten das Ziel, das Therapieerlebnis zu personalisieren und den Patienten mehr Freiheit bei der Auswahl ihrer Therapietermine zu geben.

Alle studentischen Teams produzierten Prototypen oder Storyboards. Das Design von Prototypen ist unerlässlich, denn dieser Prozess schafft einen sozialen Raum, in dem alle Beteiligten etwas zu den Gesprächen über die verschiedenen Aspekte der Dienstleistung beitragen können.

Über die letzten zwei Jahre, in denen elf Projekte stattfanden, erkundeten unsere studentischen Teams in Zusammenarbeit mit Mitarbeitern der CQII viele Möglichkeiten, um das Service-Erlebnis zu verbessern. Eindeutige Möglichkeiten für Innovationen bestehen darin, Ressourcen anzubieten, die Menschen zu aktiveren Teilnehmern an ihren Erlebnissen im Rahmen der Dienstleistungen des Gesundheitswesens werden lassen. **Shelley Evenson**

... so reicht die Zeit noch, um mir im Café einen Obstsalat und einen Milchkaffee zu holen ...

... Nach dem Seminar rufe ich im Reisebüro an, um mein Ticket für den Flug nach Hong Kong zu bestellen ...

... Das Zugticket nach Frankfurt buche ich selber schnell im Internet und drucke es aus. Bestelle noch online einen Reiseführer für Hong Kong, das spart mir den Weg in die Buchhandlung ...

... In all dem Stress hätte ich fast meinen Friseurtermin vergessen – und auch wenn ich nun daran denke, ich muss ihn absagen, denn es ist mir wichtiger, im Krankenhaus noch einen Besuch bei einem Freund zu machen, ein komplizierter Beinbruch, der Arme wird eine Weile liegen müssen ...

... Ich gehe noch schnell beim Einwohnermeldeamt vorbei, um meinen Reisepass abzuholen, zum Glück ist heute der bürgerfreundliche lange Donnerstag ...

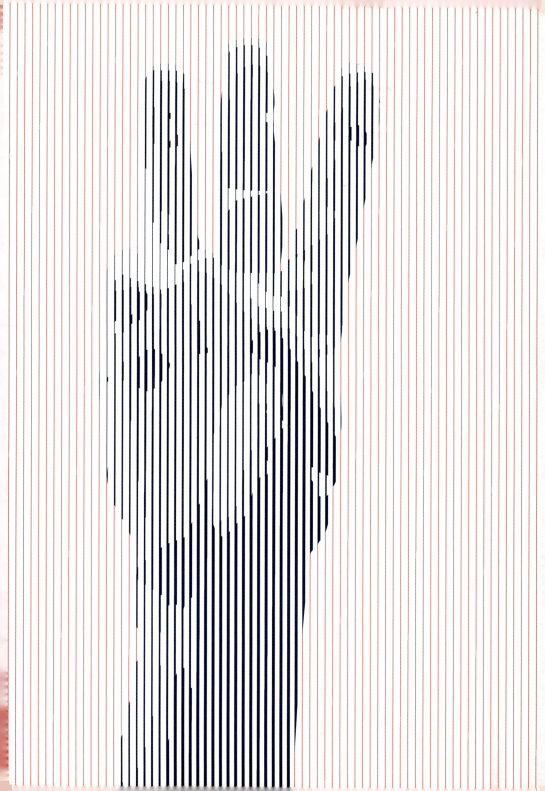

Service-Design-Projekte finden in unterschiedlichen Arbeitsfeldern statt und können unterschiedliche Zielsetzungen verfolgen:

Es kann um die Analyse und Verbesserung bestehender Dienstleistungen gehen. Dies können industrielle produktbegleitende Dienstleistungen sein, es können soziale oder öffentliche Dienstleistungen sein, es können wissensintensive Dienstleistungen sein – die gesamte heterogene Palette des tertiären Sektors liegt potentiell im Arbeitsfeld des Service Design. Es kann um Services gehen, für die der Kunde bezahlt, und um solche, für die er nicht bezahlt, die also ausschließlich der Kundenbindung dienen. Es kann aber auch darum gehen, aus unbezahlten Dienstleistungen bezahlte zu machen, also über die Gestaltung von Services die Preisbereitschaft beim Kunden zu wecken! Es kann darum gehen, Service für den Kunden überhaupt sichtbar oder besser gesagt: sinnlich wahrnehmbar zu machen.

Auch die Entwicklung einer Service-Strategie und -Positionierung kann in das Arbeitsfeld von Service Design fallen. Wer sind die Kunden, in welchem Preissegment ist der Service positioniert, was ist die »Unique Selling Proposition«, also das Alleinstellungsmerkmal, und der »Competitive Advantage«, der Wettbewerbsvorteil? Denn selbstverständlich beeinflusst diese strategische Positionierung den Gestaltungsprozess ganz grundlegend.

Die Analyse eines Service-Portfolios kann ebenfalls einen Baustein in einem Service-Design-Projekt darstellen. Wie sieht das bestehende Service-Portfolio aus? Oft ist es für Dienstleister das erste Mal, dass sie alle Services, die sie ihren Kunden bieten, sichtbar machen und so nach verschiedenen Kriterien bewerten können: Welche Services werden bezahlt, welche nicht? Welche sind profitabel, welche innovativ, welche sind Hygienefaktoren und welches sind Leistungs- oder Begeisterungsfaktoren? Wo sind die Stärken und wo die Schwachstellen?

Service-Design-Projekte können – und das tun sie häufig – auf die Entwicklung innovativer Services zielen. Sie versuchen in Neuland vorzustoßen und nützliche, nutzbare und begehrenswerte Lösungen zu kreieren, die es noch nicht gibt. Sie explorieren Bedürfnisse von Menschen, Veränderungen im Service-Umfeld, der sogenannten Service Ecology, sie explorieren Potentiale von Technologien und vieles mehr.

Aber auch Grundlagenforschung zu bestimmten Feldern innerhalb der Dienstleistungswelt wird im Rahmen von Service Design betrieben. Wie entsteht Begeisterung? Gibt es Gesten des Dienens? Was kann man von den darstellenden Künsten lernen, wenn man Dienstleistungen gestaltet? Was ist eine Service-Kultur und wie unterscheiden sich Service-Kulturen im internationalen Vergleich?

Selbstverständlich ist die Herangehensweise an Projekte abhängig von der Zielsetzung und vom Umfeld. So können Aufbau und Methodeneinsatz in Projekten ganz unterschiedlich aussehen. Im Folgenden soll ein Überblick über die Arbeitsweisen und einen Arbeitsprozess in der angewandten Forschung gegeben werden, der trotz aller projektspezifischen Adaptionen und Modifikationen einen konstanten roten Faden darstellt.

**Wie arbeiten Service-Designer?** Mit einem Blick für das Ganze! Service gestalten heißt Systeme gestalten. Dieses System zu verstehen, es sichtbar zu machen und es in den Gestaltungsprozess – sowohl in der Explorations- als auch in der Kreationsphase – einzubinden ist unabdingbar. Über den gesamten Service-Design-Prozess geht es immer auch um die Einbindung verschiedener Stakeholder, also Interessensvertreter, »Karten-im-Spiel-Haber«, und darum, die verschiedenen Einflussfaktoren auf das Service-System als Ganzes im Blick zu behalten.

Ein wichtiger Aspekt in der Projektplanung ist die Frage, wer in dem System in welcher Form über das Projekt informiert und eingebunden werden muss und wie man die Information und Einbindung so gestaltet, dass die kreative Kraft und die lebendige Qualität eines Service-Design-Projekts möglichst früh für möglichst viele Menschen spürbar werden. Service-Designer sind hier in ihrer kommunikativen Kompetenz gefragt, sie können Spielräume für Inspiration und für Motivation eröffnen.

Häufig in interdisziplinären Teams! Die Zusammensetzung des Service-Design-Teams ist meist interdisziplinär. Je nach Phase des Design-Prozesses können sich die Zusammensetzung des Teams und somit die Kompetenzschwerpunkte verändern. Es ist also wichtig, flexibel zu bleiben und wirklich hinzuschauen, welche Expertise und welche Unterstützung gebraucht wird. So können Mitarbeiter des Auftraggebers, Kunden des Auftraggebers, Stakeholder, die innerhalb des Service-Systems eine Rolle spielen, aber auch Experten aus verschiedenen Bereichen in das Team eingebunden werden. Ein Service-Design-Kernteam sollte den gesamten Prozess begleiten und steuern. In den frühen Projektphasen sind seitens des Auftraggebers häufig Vertreter von Marktforschung, Marketing, Qualitätssicherung und Unternehmenskommunikation beteiligt. In den letzten Phasen werden betriebswirtschaftliche Fragestellungen, IT-bezogene Kompetenzen und auch die Personal- und Organisationsentwicklung immer wichtiger. Interessant ist es, dass die unternehmensinternen

Abteilungsgrenzen im Service Design gesprengt werden, denn das Kundenerlebnis kennt kein Abteilungsdenken, es profitiert nicht von der Aufrechterhaltung eines »Service-Taylorismus«.

Sie gestalten gemeinsam! Service-Designer gestalten gemeinsam – und zwar gemeinsam mit den Auftraggebern und gemeinsam mit Endkunden. »Co-Creation« ist das Buzz-Wort, das man dazu häufig hört – oder auch den Begriff »partizipatives Design«. Mitarbeiter und Endkunden wissen extrem viel über das, was ist, und das, was sein könnte und sollte – viel mehr, als Service-Designer gerade in den frühen Phasen des Projekts wissen können. Kunden und Mitarbeiter haben Erfahrungen mit Service-Erleben und mit Service-Erbringung – die Designer bringen den professionellen Blick von außen auf das System. Diese unterschiedlichen Arten von Wissen zu heben und fruchtbar in den Design-Prozess einzubinden ist eine wichtige Aufgabe im Service Design. Zudem müssen die Innovationen am Ende vom Auftraggeber, den Mitarbeitern und den Kunden akzeptiert und gelebt werden. Auch aus diesem Grund ist es wichtig, die Mitwirkung aller so intensiv und so früh wie möglich sicherzustellen.

Sie gestalten so, dass es Spaß macht! Im Service Design geht es sehr häufig um die Gestaltung eines Veränderungsprozesses innerhalb existierender Service-Systeme. Es geht darum, dass Menschen diese Veränderungen mittragen, mitgestalten und umsetzen, es geht um Motivation für und Akzeptanz von Veränderung. Service Design bringt in diese Prozesse etwas ein, das meist viel zu kurz kommt: den Spaß! Den Spaß am Entdecken, den Spaß am Experimentieren, am Visualisieren, den Spaß am

Gestalten. Das soll nicht heißen, dass nicht auch harte und trockene Arbeit mit den Projekten verbunden ist, aber Design hat die einzigartige Kraft, Dinge sichtbar werden zu lassen und in kreativen Prozessen modellierbar zu machen.

Und ist das neu? Die hier geschilderte Arbeitsweise ist eigentlich nichts Besonderes oder Neues im Design. Gute Design-Lösungen entstehen meist nicht am grünen Tisch, sondern im lebendigen Austausch zwischen Menschen, in intensivem Austausch zwischen Benutzern, Produzenten und Experten, und oft sind Designer oder Designerinnen in solchen Phasen die Moderatoren, die Spielräume für Partizipation und Kreation schaffen. Gute und innovative Design-Agenturen gründen ihren Erfolg auf interdisziplinäre und partizipative Arbeit – ein gutes Beispiel dafür ist IDEO (Palo Alto), die inzwischen übrigens auch im Service Design reüssieren! Neu ist der Transfer von bewährten Design-Methoden auf die Gestaltung von immateriellen Produkten, sprich Services. Neu ist die vertiefte Entwicklung und Anwendung von Methoden, die sich auf die Gestaltung von Prozessen und Erlebnissen beziehen. Neu ist, dass Design sich auf die Gestaltung von Strukturen, Prozessen und Verhaltensweisen – sowohl von Anbietern als auch von Kunden – fokussiert.

Der Service-Design-Prozess gliedert sich in vier Phasen, die spiralförmig aufeinander aufbauen: die Explorationsphase, die Kreationsphase, die Reflexionsphase und die Implementierungsphase. Nach jeder Implementierungsphase folgt sinnvollerweise eine weitere Explorationsphase, die zum einen die Qualität der implementierten Services evaluiert, aber zugleich auch kontinuierlich nach Innovationspotentialen forscht. Somit ist Service Design keine einmalige Intervention in ein Service-System, sondern eine kontinuierliche Aktivität, die fest in den Strukturen eines Service-Unternehmens verankert sein sollte!

Schaut man sich die internationale Service-Design-Szene an, so wird man feststellen, dass es im Detail unterschiedliche Modelle für den Service-Design-Prozess gibt – und trotz aller Unterschiede im Detail gibt es im Kern große Übereinstimmungen.

Die Explorationsphase kann in drei Teiletappen untergliedert werden. Es geht im ersten Schritt um die Planung und Ausrüstung, dann folgt die eigentliche Exploration und schlussendlich geht es um die Erkenntnisverdichtung.

In der Planungs- und Ausrüstungsphase wird das Projektteam zusammengestellt, die Landkarte, also das System wird exploriert, die Einflussfaktoren werden identifiziert, die Stakeholder werden erfasst, es wird das Forschungs-Design im Detail konkretisiert, Forschungstools werden konzipiert und produziert, und die Wege der Projektkommunikation werden festgelegt. Dies ist das Fundament für die Explorationsreise, wobei es in der Feinplanung immer auch um einen iterativen Prozess geht, eine kontinuierliche Reflexion und Anpassung des Prozesses an die Gegebenheiten.

In der zweiten Etappe der Explorationsphase geht es um das eigentliche Entdecken. Es geht um das Explorieren von Kundenwünschen, -bedürfnissen und -erlebnissen. Welche Erfahrungen machen Menschen heute im Umgang mit Service-Systemen? Wo liegen die Touchpoints, die Kontaktpunkte? Welche Evidenzen machen den Service für den Kunden greifbar? Wie gestaltet sich das Service-Erlebnis über die Zeit, wie sieht die Customer Journey, die »Kundenreise«, aus? Wo sind Brüche oder Disfunktionalitäten? Was wünschen sich Menschen jenseits dessen, was für sie wahrnehmbar und ausdrucksfähig ist? Wie können wir Menschen helfen, ihre eigenen Erlebnisse und Bedürfnisse genauer wahrzunehmen und präziser auszudrücken? Und was sehen die professionellen Service-Designer auf der Reise durch das Service-Erlebnis, also aus externer Sicht?

Service Design gestaltet das Service-Erlebnis in Hinsicht auf Funktionalität und Form aus der Perspektive des Kunden, und in diesem Erlebnis spielen die Mitarbeiter auf der Front Stage häufig eine wichtige Rolle. So richtet sich die Entdeckungsreise auch auf die Arbeitssituation der »Frontstage-Mitarbeiter/innen«, oder, allgemeiner formuliert, auf die Analyse von Erbringungssystemen, seien es Strukturen, Prozesse, Menschen oder Technologien.

Je nach Fragestellung kann hier auch die Betrachtung weiterer Einflussfaktoren vertieft werden: gesellschaftliche, politische, wirtschaftliche, ökologische Veränderungen oder auch die Analyse von Mitbewerbern und Benchmarks.

Am Ende der Explorationsphase steht in der dritten Etappe die Erkenntnisverdichtung. Eine Synthese, die richtungweisend für die Kreationsphase ist. Vielfältigste und umfangreiche Daten werden in Informationen transformiert – eine ganz große Herausforderung dabei ist es, diese Daten in »lebendige Informationen« zu übersetzen, sie also einerseits zu verdichten und zu abstrahieren, sie aber andererseits so anschaulich und lebendig zu halten, dass Menschen in diese Welt der Entdeckungsreise eintauchen können, ohne selber dabei gewesen zu sein. Das ist eine nicht zu unterschätzende Aufgabe, die, wenn sie gelingt, den Vorteil hat, dass nun die Menschen abgeholt und mit auf die Reise genommen werden können – auch die, die nicht im engeren Projektteam mitgearbeitet haben. Die emotionale und visuelle Kompetenz des Service Design kommt hier noch einmal in besonderer Weise zum Tragen.

Kernerkennntnisse und Handlungsfelder stehen am Ende des Verdichtungsprozesses, sie bilden den Rahmen für die folgenden Arbeitsschritte.

Die einzelnen Etappen innerhalb der Explorationsphase stellen also einen iterativen Prozess dar – Erkenntnisse aus der eigentlichen Entdeckungsreise können immer wieder Einfluss haben auf die Zusammenstellung des Projektteams, auf das Forschungs-Design, auf die Route und auf die Werkzeuge, die zum Einsatz kommen. Die Erkenntnisverdichtung kann dazu führen, dass sich neue Forschungsfragen ergeben oder Lücken sichtbar werden, die zu erneuten »Reisen« führen.

Auch die Kreationsphase kann in drei Etappen untergliedert werden: Es geht im ersten Schritt um die Erweiterung des Horizonts und um die auch radikalen Entwürfe für eine mögliche Zukunft; in der zweiten Etappe geht es um Ordnung und Bewertung und in der dritten Etappe um Ausarbeitung, um die Konzepte und Szenarien sinnlich wahrnehmbar, begreifbar zu machen.

Die erste Etappe will das Ausbrechen aus gegebenen Verhältnissen und Rahmenbedingungen ermöglichen. Im Kleinen und im Großen wird hier in die Zukunft gedacht, noch nicht gebremst durch Realitätszwänge. Service-Design-spezifische Innovations- und Kreationsmethoden kommen zum Einsatz, und schon in dieser frühen, in die Breite der Ideenentwicklung zielenden Phase werden viele Visualisierungsmethoden verwendet, die es ermöglichen, unsichtbaren Service anschaulich und damit modellierbar zu machen.

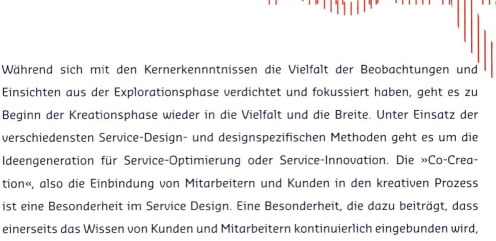

Während sich mit den Kernerkennntnissen die Vielfalt der Beobachtungen und Einsichten aus der Explorationsphase verdichtet und fokussiert haben, geht es zu Beginn der Kreationsphase wieder in die Vielfalt und die Breite. Unter Einsatz der verschiedensten Service-Design- und designspezifischen Methoden geht es um die Ideengeneration für Service-Optimierung oder Service-Innovation. Die »Co-Creation«, also die Einbindung von Mitarbeitern und Kunden in den kreativen Prozess ist eine Besonderheit im Service Design. Eine Besonderheit, die dazu beiträgt, dass einerseits das Wissen von Kunden und Mitarbeitern kontinuierlich eingebunden wird, andererseits Motivation für den Entwicklungs- und Veränderungsprozess aufgebaut wird – Gestalten macht eben oft auch Spaß.

Service Enacting nutzt Techniken des Theaters und insbesondere des Improvisationstheaters, um mit Rollen, Prozessen, Räumen und Requisiten zu spielen.

In der zweiten Etappe engt sich der Rahmen ein, Ideenfelder werden geclustert, kombiniert, hinterfragt, bewertet, vertieft und in konzeptionellen und strategischen Zusammenhängen weiterentwickelt.

In der dritten Etappe werden die Service-Konzepte ausgearbeitet und als Service-Prototypen dargestellt. Das stark auf Veranschaulichen, auf die Kreation von Mockups, Prototypen und Storyboards ausgerichtete Arbeiten macht den unsichtbaren Service sichtbar und kreiert sinnlich wahrnehmbare Realitäten von Services, die noch nicht existieren, die so aber anschaulich und modellierbar, diskutierbar und kalkulierbar werden.

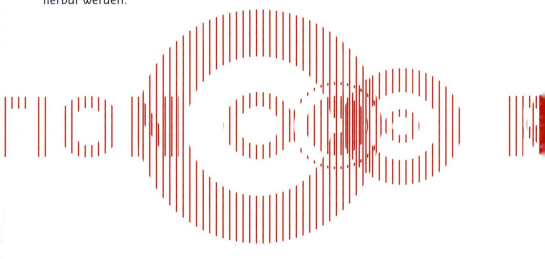

Die Service-Prototypen bilden die Grundlage für die Reflexion der Realisierbarkeit. Hier geht es um den Abgleich der Prototypen mit vorhandenen Service-Strategien und Service-Portfolios, um SWOT-Analysen und um die Konzeption und Durchführung von Kundenakzeptanzstudien. Im Bereich der Kundenakzeptanzstudien ermöglicht das Service Design spezifische Interventionen in der Ausarbeitung von Studien und Experimentalanordnungen. Anstelle von aufwendigen Pilotstudien können auch hier Prototypen zum Einsatz kommen, anhand derer die Akzeptanz getestet wird. Nur am Rande: Interessanterweise hat das Fraunhofer-Institut in den vergangenen Jahren unter dem Motto »Von der Geschäftsprozessmodellierung zur Service-Orchestrierung« ein sehr aufwendiges Service-Laboratorium gestaltet und dabei viele Anlehnungen an das Modell des Service Design vorgenommen – eine interessante Weiterentwicklung dieser in der Vergangenheit stark auf das »Engineering« von Service fokussierten Forschungseinrichtung.

Im Sinne der Effizienz und Effektivität des Service Design aus der Perspektive des Service-Anbieters kommen hier Kosten-Nutzen-Analysen und andere betriebswirtschaftliche Betrachtungsweisen ins Spiel. Strategische und betriebswirtschaftliche Kompetenzen kommen im Projektteam mehr und mehr zum Tragen.

In der Implementierungsphase spielen zunehmend die organisations- und prozessspezifischen Kompetenzen eine Rolle. Die Entwicklung und Implementierung organisatorischer Strukturen und Prozesse, IT-spezifische Lösungen und die Qualifizierung der Mitarbeiter stehen hier im Vordergrund.

Die Ausgestaltung der Touchpoints und der Evidenzen fordern designspezifische Kompetenzen, die nun schwerpunktmäßig aus den Bereichen Interface Design, Typographie und Layout oder auch Produkt- und Interior Design kommen. Ein weiteres wichtiges Thema ist die interne und externe Kommunikation der Services. Service-Design-spezifische Beiträge in dieser Phase liegen in der Entwicklung und Koordination begleitender Maßnahmen im Bereich der Motivation, der Kommunikation und der Qualifizierung.

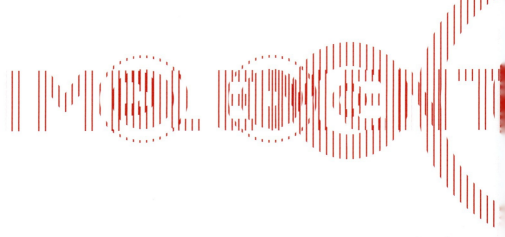

Die vier Phasen sind nicht rein linear organisiert und nicht scharf voneinander getrennt, es gibt fließende Übergänge und iterative Prozesse. Dennoch dienen die vier Phasen als roter Faden im Service-Design-Prozess, und mit den einzelnen Phasen sind spezifische Methoden verknüpft.

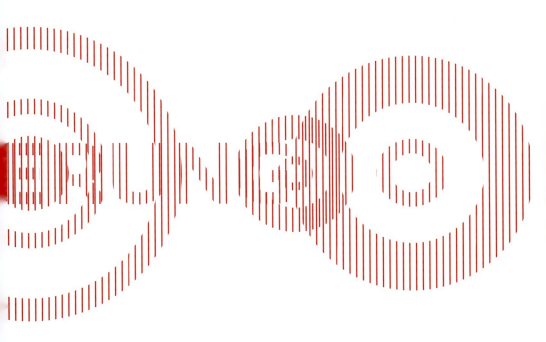

Die Öffentlichkeit benötigt Service-Designer! Unsere Gesellschaft bedarf einer neuen Generation öffentlicher Dienstleistungen und einer neuen Methode für deren Entwicklung. Dafür gibt es **drei Gründe:**

|||| Das Dienstleistungssystem von heute ist veraltet. Die Gesellschaft und die ihr zur Verfügung stehenden Technologien haben sich geändert. Wenn wir anhand der heutigen Technologien tatsächlich Dienstleistungen individueller gestalten würden und nicht nach einem bürokratisch tradierten Standard, sähen diese grundlegend anders aus.

|||| Die Finanzierung des Dienstleistungssystems steht auf sehr wackligen Füßen. Das Wirtschaftsmodell, mit dem unsere öffentlichen Dienstleistungen finanziert werden, kann so nicht länger aufrechterhalten werden. Mehr und mehr Menschen verlangen nach mehr und mehr Dienstleistungen – und zwar bei erhöhter Qualität und gleichbleibender Steuerbelastung. Zum Beispiel: Allein die Gesundheitskosten werden, wenn sie sich weiter wie bisher entwickeln, spätestens im Jahr 2050 die gesamte Wirtschaft stilllegen.

|||| Die Gesellschaft wird mit neuen Problemen konfrontiert. Klimawandel, eine wahre Epidemie von chronischen Erkrankungen, Angst vor Verbrechen und antisozialem Verhalten... das sind Probleme, für die öffentliche Dienstleistungen keine Lösung bieten können. Denn die Menschen können diese Lösungen nur selbst mit erschaffen, indem sie ihr eigenes Verhalten ändern: weniger Energie verbrauchen, Sport treiben, nicht mehr rauchen. Solche Veränderungen wären einfach zu erreichen, wenn wir Menschen denn nur vernünftige Wesen wären. Aber das sind wir ja nicht. Unsere Entscheidungen sind emotionaler, nicht rationaler Natur. Die bisherigen politischen

Vorgehensweisen tun sich mit dieser Einsicht schwer. Fettleibigkeit ist ein gutes Beispiel. Es fällt dem Staat viel leichter, neue Krankenhäuser zu bauen, um die aus Fettleibigkeit resultierenden Erkrankungen zu behandeln, als dafür zu sorgen, dass jeder sich gesund ernährt und entsprechende Lebensmittel im Supermarkt einkauft.

Gerade deshalb müssen wir anders denken. Wir brauchen eine neue Generation von öffentlichen Dienstleistungen, die sich nach dem menschlichen Alltag richten, die sich die Kraft menschlicher Mitgestaltung zunutze machen und die sich nicht auf Reaktion, sondern auf Prävention konzentrieren.

Darüber hinaus benötigen wir eine neue Methode für die Gestaltung öffentlicher Dienstleistungen. Es fehlt der Öffentlichkeit ein Innovationsprozess. Viele Dienstleistungen entstanden bisher als Antwort auf externen Druck. Das heißt, sie wurden nicht im Voraus entwickelt. Hier tritt Service Design auf den Plan.

**|||| Benutzererlebnis und umsetzbare Erkenntnisse** Ein Service-Design-Prozess fängt damit an, die Erfahrungen von Menschen in ihrem Alltag und ihren Familien zu verstehen. Das, was als Problem angenommen wurde, mag sich letztlich als unbedeutend herausstellen. Die Methoden der Design-Forschung sollen latenten Bedarf und grundlegende Verhaltensmuster und Wünsche aufspüren, die in praktischen Erkenntnissen für den Lösungsprozess resultieren und als solche umsetzbar sind.

**|||| Ideen sichtbar und greifbar machen** Ideen müssen schnell sichtbar gemacht werden, um Feedback zu gewinnen. Sowohl für Fachkräfte als auch für Mitglieder der Gemeinschaft schafft Visualisierung eine gemeinsame Plattform zum Begreifen und Debattieren von Ideen. Ferner schafft Visualisierung Verständnis dafür, inwiefern die erarbeiteten Lösungen den betreffenden Menschen tatsächlich helfen.

**|||| Prototyp statt Pilotprojekt** Potentielle Lösungen müssen als Prototypen und nicht als Pilotprojekte gestaltet werden. Dies dient wiederum dazu, schnelles Feedback zu gewinnen. Bevor ein Pilotprojekt entsteht, bevor also mehr Geld investiert wird, sollte das Funktionieren der einzelnen Bestandteile des Projekts überprüft werden. Dazu empfiehlt es sich, entsprechende Modelle einzurichten, Probanden für bestimmte Rollen in der zu testenden Serviceleistung zu gewinnen und sich von diesen nach erfolgtem Test Feedback zu holen.

|||| Gestaltung mit und für die Bürger Kreative Workshops, in denen Bürger aus erster Hand ihre Erfahrungen teilen können, sowie Mitgestaltungs-Treffen, bei denen potentielle Dienstleistungsnutzer Ideen entwickeln und ausbauen, sorgen dafür, dass Menschen – noch bevor endgültige Entscheidungen getroffen werden – die Entwicklung von Dienstleistungen von Anfang an beeinflussen.

**Ein Beispiel: »Activmobs«** 2005 erhielten wir vom Kommunalrat von Kent in Großbritannien die Zielvorgabe, die körperliche Aktivität von Menschen im Alter zwischen 40 und 70 zu erhöhen. Wir stellten ein Team von Service-Designern, Spezialisten für Ergonomie, Gesundheitsexperten, Strategieanalysten und Ökonomen zusammen. Das Team führte eine detaillierte Befragung mit den Bewohnern einer Wohnsiedlung durch und veranstaltete Workshops mit kommunalen Führungskräften. So sollten Erkenntnisse über die aktuelle Einstellung der Bewohner zum Thema Fitness gewonnen und ihre Ideen erfasst werden. Unter Ausnutzung der bereits vorhandenen Ideen und Interessen sowie eines gewissen Maßes an Gruppendruck und sozialer Konstellationen entwarfen wir so unser Dienstleistungskonzept namens »Activmobs«.

Im Rahmen des Activmobs-Projekts wählen Gruppen von Freunden eine Aktivität aus, die sie zusammen machen wollen. Dann melden sie ihren »Mob« in einem Online-System an und erhalten im Gegenzug einige Stunden Unterstützung durch einen professionellen Trainer. Der Trainer hilft ihnen, ihre gewählte Aktivität fitnessfördernd zu gestalten. Mitglieder eines Mobs setzen sich eigene Ziele, können aber mit Hilfe des Online-Systems ihre kollektive Leistung für alle anderen Mobs sichtbar machen. So wird zum Beispiel im System veröffentlicht, wenn innerhalb eines Monat die Mitglieder eines Mobs zusammen eine Distanz äquivalent zur Entfernung

Maidstone, England – Moskau, Russland gelaufen sind oder 25 cm ihres kollektiven Taillenumfangs verloren haben. Der erwähnte Gruppendruck entsteht dadurch, dass man seine Freunde nicht enttäuschen will.

Wir stellten drei Mobs aus Bewohnern der Wohnsiedlung zusammen und gaben jedem den Prototypen eines »Arbeitshefts«. Wir arbeiteten insgesamt über fünf Wochen hinweg mit ihnen und korrespondierten mit ihnen, so als ob wir der Dienstleistungsanbieter wären und ihre Erfahrungen mitverfolgen würden. Regelmäßige Mitmach-Workshops mit anderen Bewohnern und Experten, bei denen wir Belohnungs- und Bewertungssysteme, Gestaltung und Ergonomie des Projekts diskutierten, ermöglichten es uns, Dienstleistungsvorschläge, einen Markennamen und Touchpoints zu entwickeln. Wir erprobten die Akzeptanz, indem wir für den Service in der Lokalpresse Werbung machten, und schenkten denen, die sich daraufhin meldeten, »Startersets« mit der Bitte, über ihre Service-Erlebnisse Tagebuch zu führen. Anschließend führten wir Interviews, um festzustellen, wie sie von dem Service Gebrauch gemacht hatten. Auf der Basis dieses Feedbacks entwarfen wir Szenarien und Storyboards, um die Benutzererfahrung noch zu verbessern.

Gleichzeitig entwickelten wir ein Geschäftsmodell für den Service. Sollte er ein Sozialunternehmen sein? Könnten wir den Service an Arbeitgeber für ihre Angestellten verkaufen, die sie statt Mitgliedschaften in Fitness-Studios benutzen würden? Der Kenter Kommunalrat leitet »Activmobs« jetzt schon seit über zwei Jahren. Während dieser Zeit hat er das System immer wieder erweitert, um mehr und mehr Gruppen unterstützen zu können. Finanzierungsmöglichkeiten zur Schaffung von »activmob.uk«, einem Sozialunternehmen, das die landesweite Einbeziehung von Kommunen und Primärversorger in das Projekt unterstützen soll, werden gerade gesucht.

Als Service-Designer kann man Veränderung auf dreierlei Weise herbeiführen:

|||| **Das »Drehbuch« gestalten** Einen Service zu verbessern bedeutet, das Drehbuch, das seinem Verlauf zugrunde liegt, umzuschreiben. Die Dienstleistungen, bei denen die meisten Innovationen sichtbar sind, stellen die traditionellen Abläufe in Frage. Bei Activmobs zum Beispiel gibt es keine Übungsstunden im Fitness-Studio, sondern der Experte kommt zu den einzelnen Teilnehmern und deren Gruppen von Freunden. Einige Services besitzen keine linearen Abläufe, in denen eine Handlung automatisch der nächsten folgt und somit antizipiert werden kann, sie haben viele Eintritts- und Ausgangswege. Man kann also keinen festen Interaktions-Plan aufbauen, aber dafür eine gemeinsame Interaktions-Plattform schaffen. Diese Plattform enthält Hilfsmittel, die es den Benutzern ermöglichen, auf den Service zuzugreifen, etwas zu ihm beizutragen und ihn somit ihren Wünschen entsprechend zu nutzen.

|||| **Design eines besseren Benutzererlebnisses** Service-Designer sind dafür verantwortlich, ein »Benutzererlebnis« zu gestalten. Ein gutes Erlebnis kann zum Beispiel die zügige Erholung nach einem medizinischen Eingriff sein, die Teilnahme an einer Wahl oder das Mitmachen beim Recycling. Das Erlebnis besteht dabei aus Interaktionen von Endbenutzern mit den entsprechenden Dienstleistern, aus Kontextzusammenhängen und aus Touchpoints wie Internetseiten, Telefonnavigationssystemen, Briefen, Hilfsmitteln und technischem Gerät. Bei jedem Bestandteil des

Erlebnisses sollen Zweck, Ästhetik und Ergonomie harmonieren, wobei es im Fall von bestimmten Touchpoints nicht erwünscht sein mag, dass sie zu »geleckt« aussehen. Bei Wahlkabinen zum Beispiel ist die Bescheidenheit eines schlichten Bleistifts und Papierblattes wohl passender für den Kontext. Service-Designer müssen sich auch mit dem Design oder mit der Festlegung von weniger greifbaren Sachen wie Arbeitsplatzbeschreibungen oder Leistungsmaßnahmen auseinandersetzen, um die menschliche Seite der betreffenden Dienstleistung zu strukturieren. Die Identifizierung sogenannter Erlebnislücken – Stellen, bei denen die Menschen sich vernachlässigt oder nicht geschätzt fühlen, sie den Vorgang nicht selbst (mit-)bestimmen können, oder bei denen ihnen das Angebot nicht gefällt – ist ein wichtiger Punkt auf dem Weg zum Erfolg einer Dienstleistung.

|||| **Nachhaltige Geschäftsmodelle kreieren** Neue Geschäftsmodelle wie öffentlich-private Partnerschaften und Sozialunternehmen sind darauf angelegt, neue Finanzierungsmöglichkeiten im System zu schaffen. Wenn die Benutzer den Inhalt von Services in Co-Creation mitgestalten, werden die Dienstleistungen durch die erhöhte Teilnahme gestärkt und durch die Nachfrage nicht belastet. Beispiele wie Ebay, Wikipedia und die Grameen Bank mit ihren Mikrokrediten beweisen den Erfolg dieser Strategie. Die Erweiterung von Services ist jedoch problematisch für den öffentlichen Sektor: Der Erfolg von »kommunalen Projekten« beruht oft auf ihrem Kontext und der produktiven Einflussnahme der Initiatoren. Die Herausforderung liegt darin, übertragbare Strukturen und Komponenten zu entwickeln, mit deren Hilfe sich ein Service ausbauen lässt.

Mit dieser neuen Art von öffentlichen Dienstleistungen werden vermehrt neue Verhaltensmuster seitens der Benutzer oder des davon beeinflussten Systems einhergehen. Veränderungen in Denken und Handeln sind nötig, um die Teilnahme an oder Nutzung von Dienstleistungssystemen wie dem öffentlichen Verkehr, Verwaltung oder Recycling zu erhöhen. Sie sind auch nötig, um die Inanspruchnahme von Dienstleistungen wie Gesundheitspflege und Arbeitslosengeld zu verringern, indem die Menschen dazu gebracht werden, gesünder zu leben, ihre Ausbildungen zu vollenden und so weiter.

Wir müssen Dienstleistungssysteme entwickeln, die ihre zukünftigen Nutzer motivieren und ihnen erlauben, die Dinge selbst in die Hand zu nehmen. Hier sind **fünf Strategien**, die dazu beitragen können:

**||||** Um dafür zu sorgen, dass die Menschen die Verantwortung für ihre eigene Gesundheit übernehmen, muss das Verhältnis der Autoritäten zwischen (potentiellen) Patienten und Gesundheitsversorgern geändert werden. Es braucht Hilfsmittel, die den Menschen zu mehr Kontrolle während des Beratungsprozesses und zur Einholung professioneller Fürsorge verhelfen. »Transitionale Objekte« sollen dafür sorgen, dass Versorgte und Versorger in eine ebenbürtige Zusammenarbeit treten.

|||| Hilfsmittel und Wissen müssen ins Leben von Menschen integriert werden. Allzu oft werden öffentliche Dienstleistungen nur in oder von Institutionen geleistet. Aber die Hilfe eines Ernährungswissenschaftlers zum Beispiel ist im Beratungszimmer nur halb so effektiv wie in der Küche oder im Supermarkt. Welche Formen von Dienstleistung können entwickelt werden, die in den menschlichen Alltag besser hineinpassen?

|||| »Entprofessionalisierung« ist geboten. Vieles im Leben ist von Experten für Experten gestaltet. Wenn Stromzähler nach ihrer Nutzbarkeit für die Menschen entwickelt würden, würde der Energieverbrauch dann sinken? Wenn Patienten das gleiche Wissen wie das sie behandelnde Gesundheitspersonal besäßen, könnten sie Eigendiagnosen stellen und sich selbst zu den passenden Spezialisten überweisen?

**||||** Fortschritte müssen greifbar gemacht werden. Wenn das Dienstleistungsziel darin besteht, Menschen zu Handlungen aufzufordern, deren Wert nicht unmittelbar zu spüren ist, wie zum Beispiel an einer Wahl teilzunehmen, den Energieverbrauch zu reduzieren oder Sport zu treiben, ist es wichtig, dass sie trotzdem ein Fortschrittsgefühl bekommen. Zum Beispiel: Statt Herzfrequenzen zu messen, werden die Menschen in Activmobs darum gebeten, die Qualitätsveränderungen beim Schlafen, bei ihren Essgewohnheiten und in ihrem Selbstwertgefühl zu beurteilen.

**||||** Die Motivationen und Hoffnungen von Dienstleistungsnutzern müssen als Grundlage für die Entwicklung der Dienstleistungen genutzt werden. Ob ein Service neues Verhalten herbeiführt, hängt davon ab, ob er in der Lage ist, von den unterschiedlichen Motivationen und Hoffnungen Gebrauch zu machen. Dahingehend arbeitet Activmobs mit bereits vorhandenen Motivationen – zum Beispiel fit zu werden, abzunehmen, die Freunde nicht zu enttäuschen. Aber statt den Menschen vorgeschriebene Übungen zu geben, machen sich die Activmobs die Vorlieben der Teilnehmer zunutze, indem sie die Trainer zur Verfügung stellen.

**Fazit** Designer wissen, wie man Dinge ansprechend gestaltet und neue Verhaltensmuster der Nutzer veranlasst. Der Design-Prozess schafft innovative Ideen und verwandelt sie in praktische, brauchbare Realitäten. In diesem Prozess kommen Verständnis für menschliches Verhalten, Technologien und Systemdenken zusammen. Indem Service Design kreativ mit anderen Disziplinen zusammenarbeitet, um Probleme zu lösen, die die Menschen tatsächlich vor Ort betreffen, hat es eine zentrale Bedeutung bei der Gestaltung einer neuen Generation öffentlicher Dienstleistungen.

**Jennie Winhall**

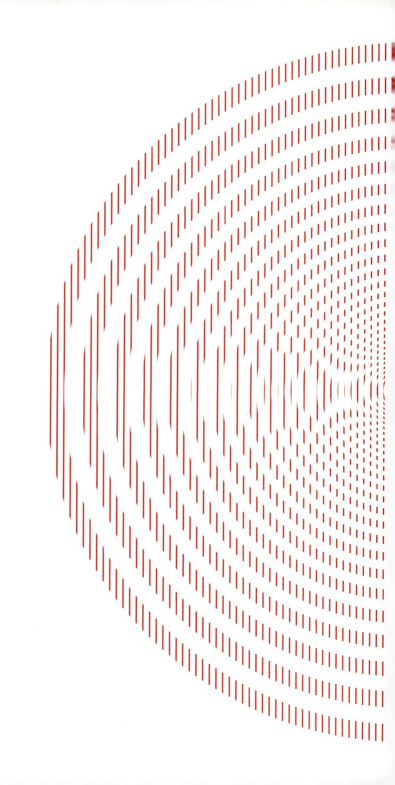

Service Design ist ein recht junges Arbeitsfeld – es gibt inzwischen jedoch schon ein umfassendes und erprobtes methodisches Repertoire. Dieses Repertoire wird kontinuierlich weiterentwickelt, ergänzt und innoviert. Viele Methoden haben einen englischen Namen. Dies resultiert nicht zuletzt daraus, dass sich das internationale Service Design Network in den vergangenen Jahren um die Entwicklung einer gemeinsamen Sprache im Service Design bemüht hat. Teilweise werden also die englischen Bezeichnungen beibehalten, wo immer möglich wurden sie ins Deutsche übertragen.

Hier ein Einblick in die bekanntesten Methoden:

# Service Ecology – Service-Ökologie

Im weiteren Sinne ist die Service Ecology das System, in das ein Service eingebunden ist. In der Service Ecology werden die verschiedenen Einflussfaktoren, die in dem System wirksam sind, erfasst, analysiert und sichtbar gemacht. Das können Politik, Wirtschaft, Mitbewerber, Umwelt, Recht, gesellschaftliche Trends, technologische Entwicklungen und andere sein.

Im engeren Sinne bezeichnet die Service Ecology das System, innerhalb dessen ein Service erbracht wird: die Akteure, Prozesse, Beziehungen. Hier trägt Service Design zu einer Visualisierung des ganzheitlichen Systems bei, innerhalb dessen Einfluss auf das »Was« und das »Wie« des Service genommen werden kann.

## Stakeholder Map – Stakeholder-Landkarte

Die Stakeholder-Landkarte visualisiert alle Akteure, die im Rahmen eines Service-Systems relevant sind. Die Stakeholder-Landkarte bildet unter anderem die Grundlage für die Entscheidung, welche Stakeholder in das Service-Design-Projektteam eingebunden werden sollen und welche im Rahmen der Expeditionsphase exploriert oder informiert werden sollen. Sie ist zudem eine Visualisierungsplattform, auf der die Wünsche, Bedürfnisse und Interessen der Stakeholder und auch die Beziehungen zwischen Stakeholdern sichtbar gemacht werden können.

# Customer Journey – Kundenreise

Service zu konsumieren bedeutet, ein Erlebnis oder eine Erfahrung zu konsumieren, also einen Prozess, der sich über eine Zeitspanne erstreckt. Die Customer Journey, die Kundenreise, bildet ab, wie aus der Perspektive des Kunden das Service-Interface entlang der Zeitlinie wahrgenommen und erlebt wird. Dabei werden sowohl die Phase vor der eigentlichen Service-Interaktion als auch die Phase danach in die Betrachtung eingebunden. Somit gilt es in einem ersten Schritt festzulegen, wo der Beginn und wo das Ende der Reise liegen! Die Customer Journey ist das Dach, unter dem die unterschiedlichen Dimensionen des Kundenerlebens exploriert und mit Hilfe verschiedener Methoden systematisiert und visualisiert werden.

## Touchpoints – Kundenkontaktpunkte

Die Touchpoints sind die Stellen, an denen Kunden mit dem Service-Anbieter im Rahmen der Kundenreise in Berührung kommen, also die Stationen der Reise. Diese Touchpoints können unterschiedlichster Natur sein und sich auf den unterschiedlichsten medialen oder interaktiven Ebenen abspielen. Im Rahmen des Service-Design-Prozesses geht es darum, die Kundenbedürfnisse in Bezug auf Nützlichkeit und Nutzbarkeit an den Touchpoints zu verstehen, bestehende Kundenerlebnisse auf diesem Hintergrund zu analysieren und die Touchpoints dann einer systematischen Gestaltung zu unterziehen.

# Service Blueprint

Der Service Blueprint ist eine Methode, die ihre Ursprünge im Service-Marketing hat – der Service Blueprint unterscheidet zwischen der Front Stage, der »Line of Interaction« (Interaktionsraum), der »Line of Visibility« (Sichtbarkeitslinie) und der Back Stage. So bietet der Service Blueprint eine ganzheitliche Analyse- und Visualisierungsform des Service-Prozesses aus der Perspektive des Kunden unter Einbindung der Strukturen und Prozesse, die seitens des Service-Anbieters für das Kundenerlebnis auf der »Service-Bühne« relevant sind.

## Companionship – Begleitende Forschung

Companionship bezeichnet die begleitende Forschung auf Augenhöhe, in der ausgewählte Sequenzen aus dem Lebensalltag des Kunden durch die Forscher miterlebt und dokumentiert werden. Die Auswahl der Sequenzen kann zum einen in Anlehnung an die Touchpoints erfolgen; darüber hinaus versucht man, eine von existierenden Service-Erlebnissen losgelöste Perspektive zu verfolgen, in der es stärker um das Verständnis von Kundenbedürfnissen im erweiterten Kontext des Service geht. In der Companion-Phase finden verschiedene Werkzeuge Verwendung, wie beispielsweise kontextuelle Interviews oder auch speziell für die jeweilige Service-Thematik entwickelte Werkzeuge, die der Inspiration und Öffnung des Kunden dienen können, die aber auch zum Ziel haben können, Themen zu bewerten oder zu ordnen.

## Selbstexploration

Die Selbstexploration befähigt die Forschungsteilnehmer zu einer konsequenten Selbstbeobachtung, Selbstreflexion und zur unproblematischen Dokumentation ihrer Wahrnehmungen. Je nach Thematik werden im Service Design spezielle Selbstexplorationswerkzeuge entwickelt, die den Forschungsteilnehmern zur Verfügung gestellt werden und mit denen sie über einen definierten Zeitraum arbeiten. Das können einfach Diktiergeräte sein, die als akustisches Tagebuch eingesetzt werden. Da können Kameras sein, mit denen Alltagseinblicke in den Kontext des Service oder in den Umgang mit ihm gegeben werden. Das können Sammelmappen für Service-Evidenzen sein. Im Produktkontext arbeitet insbesondere Philips sehr erfolgreich mit solchen qualitativen und keineswegs repräsentativen »Probes«, die Einsichten in den Lebensalltag von Individuen bieten und eine Inspirationsquelle für Designer darstellen. Im Service Design bewährt sich diese Methode hervorragend – man muss dabei jedoch auch immer motivierende Faktoren gestalten, die die Forschungsteilnehmer über einen längeren Zeitraum für die Mitarbeit begeistern.

## Interviews / Kontextuelle Interviews

Alle Arten von Interviews können im Rahmen von Service-Design-Projekten zum Einsatz kommen – qualitativ oder quantitativ, offen, teilstrukturiert oder strukturiert, schriftlich, persönlich, telefonisch, online … Es würde den Rahmen dieser Publikation sprengen, auf alle Möglichkeiten einzugehen. Häufige Anwendung finden die sogenannten kontextuellen Interviews, in denen man das Interview während des eigentlichen Service-Erlebnisses, also im Kontext durchführt und dabei die Kunden laut kommentieren lässt, was sie sehen, erleben, denken, was sie sich fragen und was sie sich wünschen würden.

# Directed Storytelling – Gelenktes Geschichtenerzählen

Directed Storytelling ist eine zeitsparende und kostengünstige Methode, in Erlebniswelten einzutauchen, indem ein Proband, gelenkt durch einen Interviewer, eine Service-Situation teils wirklich erinnert, aber auch fabulierend ergänzt. Somit bietet sich diese Methode einerseits in der Explorationsphase, andererseits auch in der Kreationsphase an. Die Geschichten werden protokolliert und dokumentiert und können so als Teile erster Vorstudien dienen, anhand derer vertiefende Explorations- und Kreationspfade definiert werden.

# Persona-Entwicklung

Personas wurden erstmals von Alan Cooper im Rahmen des Interaction Design entwickelt und eingesetzt. Es sind prototypische Kundensteckbriefe, die auf der Grundlage von Interviews mit echten Kunden verdichtet werden. In den Steckbriefen bekommen die Kunden ein Gesicht, einen Namen und eine Lebenssituation zugeschrieben. Diese Personas können bei der Analyse bestehender Services und bei der Gestaltung von Innovationen zum Einsatz kommen, indem man das Service-Interface aus der Perspektive dieser Personas auf Nützlichkeit, Nutzbarkeit und Begeisterungspotentiale befragt.

# Beobachtungsstudien

Beobachtungsstudien finden in vielen Design-Feldern intensiven Einsatz, so auch im Service Design. Auf die verschiedenen Formen von Beobachtungsstudien soll hier nicht im Einzelnen eingegangen werden. Neben der Beobachtung von Kundenverhalten kann die Beobachtung von Interaktionen zwischen Kunden, die ja oft nicht freiwillig in derselben Servicesituation aufeinandertreffen, und die Beobachtung von Interaktionen zwischen Mitarbeitern und Kunden besonders interessant sein. Aber auch die Beobachtung und Analyse von Spuren, die Menschen in Service-Situationen hinterlassen, kann wichtige Anstöße zur Reflexion und für die Gestaltung geben.

# Online-Recherchen

Die Explorationsphase im Service Design ist eindeutig qualitativ ausgerichtet und arbeitet intensiv mit kleinen, nicht repräsentativen Kundengruppen, um ein möglichst tiefes Verständnis der Bedürfnisse und Erlebnisse von Kunden zu gewinnen. Es kann jedoch projektspezifisch sinnvoll sein, Fragestellungen auf einer breiteren Basis zu untersuchen. In den Vorstudien zu Service-Design-Projekten bietet hier das Internet die Möglichkeit, systematisch Foren und Blogs auszuwerten oder eigene Foren und Blogs im Internet einzustellen. Darüber hinaus können Online-Befragungen ergänzende und quantifizierbare Erkenntnisse generieren.

# Work Along – Mitarbeitende Forschung

Das Work Along ist eine Methode, um die Perspektive der Mitarbeiter auf die Service-Bühne und die Service-Performance zu verstehen und Modellierungspotentiale zu erkennen. Im Work Along arbeiten Service-Designer über einen längeren Zeitraum zusammen mit den Mitarbeitern in der Service-Erbringung. Sie machen dabei eigene Erfahrungen, beobachten und führen kontextuelle Interviews durch.
Eine Zielsetzung ist dabei, das Wissen, das die Mitarbeiterinnen und Mitarbeiter über Bedürfnisse und Erlebnisse von Kunden haben, für den Design-Prozess verfügbar zu machen und die Mitarbeiter in den Design-Prozess einzubinden.
Zugleich stehen hier Fragen nach dem Drehbuch für die Mitarbeiter, nach Requisiten, die die Service-Performance unterstützen, aber auch Fragen nach Qualifikation und Motivation im Mittelpunkt.
Im Rahmen des Work Along können ergänzend zu dem, was die direkte Zusammenarbeit mit den Mitarbeitern und die systematische Beobachtung für den Forscher an Erkenntnissen bringt, unterschiedliche Methoden zum Einsatz kommen, so zum Beispiel auch Workshops mit Techniken des Improvisationstheaters.

## Storyboards – Drehbücher

Die Entwicklung von Storyboards ist den darstellenden Künsten entlehnt. So wie im Film oder im Theater, wo es ja auch um die Gestaltung eines Erlebnisses über die Zeit geht, kann auch im Service Design das Kundenerlebnis über Storyboards dokumentiert und modelliert werden. Die Geschichte und ihre Dramaturgie werden festgelegt, die Atmosphäre wird umrissen. Bis ins Detail können kleinste Interaktionen und Gesten ausgearbeitet werden. Eine besondere Stärke dieser Arbeitsweise ist es, dass Prozesse, Interaktionen, Requisiten, Raumgestaltung und alle anderen Facetten der Service-Bühne in den Storyboards ganzheitliche Berücksichtigung finden. Visualisiert werden diese Storyboards teilweise in klassischer Weise mit Scribbles und Regieanweisungen, im Service Design wird aber auch mit Foto-Geschichten und Film-Szenen gearbeitet. Materialien, die sich ebenfalls hervorragend für Schulungszwecke eignen.

## Service Enacting – Service-Darstellung

In der Kreationsphase kommt, wann immer möglich, das Service Enacting zum Einsatz, in dem kurze Servicesequenzen gespielt werden. Nicht drüber reden – es tun ist hier die Devise! Die Akteure werden, während sie agieren, befragt. Sie werden ermuntert, die Service-Sequenz so zu modellieren, dass es optimal funktioniert. Sie bringen Requisiten zum Einsatz, meist Mock-ups, die erst später differenziert gestaltet werden. Techniken des Improvisationstheaters helfen dabei, die Service-Szenen spielerisch und kreativ zu entwickeln. Sehr gute Erfahrungen wurden mit dem Service Enacting und den Techniken des Improvisationstheaters auch in der Arbeit mit Mitarbeitern auf der Front Stage gesammelt – diese Methode bietet nicht nur Spielräume zur Rollen- und Prozessausgestaltung, sie trägt auch in beeindruckender Weise zur Verbesserung der Zusammenarbeit in Service-Teams und zur Modellierung der Service-Kultur bei.

Mock-ups – Platzhalter

Mock-ups sind sehr unaufwendige Platzhalter für eine später zu gestaltende Lösung. Ein Stück Holz kann als Telefon eingesetzt werden, ein nur grob bemaltes Blatt Papier steht als Platzhalter für ein aufwendig gestaltetes Formular ... der Einsatz dieser Mock-ups hilft im Gestaltungsprozess sehr schnell zu entscheiden, wo neue oder modifizierte Hilfsmittel im Service-Prozess sinnvoll sind, welche Anforderungen man an diese Hilfsmittel stellen muss und wie sie Verhalten und Erleben von Mitarbeitern und Kunden beeinflussen.

Prototypen

Prototypen sind einerseits eine Weiterentwicklung von Mock-ups, andererseits aber auch schon Simulationen von Systemen. In einem prototypischen Service werden die verschiedenen Gestaltungsfacetten zusammengeführt und in einem einheitlichen Duktus durchgestaltet. So kann man die Activmobs, die Jennie Winehall in ihrem Beitrag darstellt, als ein Beispiel für einen Service-Prototypen heranziehen, in dem das System, die Prozesse und die sichtbaren Evidenzen prototypisch verfügbar sind und zum Einsatz kommen.

## Stylesheets – Stilblätter

Stil ist eine Dimension in der Gestaltung, die man gemeinhin aus Musik, Architektur,

Kunst, Design kennt – mit den Service Stylesheets wird der Versuch unternommen,

Stil als Gestaltungsdimension für Service nutzbar zu machen. Man kann dabei na-

türlich bekannte Stile auf Services übertragen oder aber einen unternehmensspezi-

fischen Stil entwickeln. Die Ausarbeitung der Stylesheets berücksichtigt die Katego-

rien Menschen, Prozesse und physische Evidenzen – in diesen drei Kategorien wird

dezidiert beschrieben und visuell unterstützt, wie der Stil sich in der Service-Realität

zeigen soll.

109

... In der Hektik fahre ich gegen ein parkendes Auto. Auch das noch! Ich rufe die Polizei und fülle, während ich warte, schon mal die Unterlagen für die Versicherung aus ...

... Das hätte fast dazu geführt, dass ich zu spät zu meiner Abendverabredung gekommen wäre, aber es klappt gerade noch ...

... Auf dem Weg zum Konzert hole ich mir noch etwas Geld bei der Bank ...

... Nach diesem Tag gönne ich mir ein Taxi für die Heimfahrt und ... eine große Sünde – und dann noch um diese Uhrzeit: Pizza beim Pizzaservice!

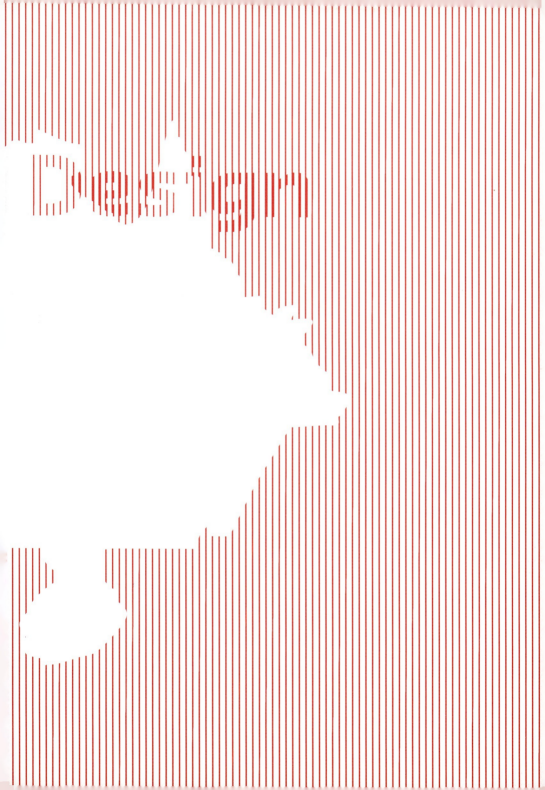

Service Design wurde als eigenständiges Lehrgebiet erstmalig Anfang der 90er-Jahre an der Köln International School of Design, Fachhochschule Köln eingerichtet. Dort etablierte es sich als Teil einer ganzheitlich und interdisziplinär ausgerichteten Design-Ausbildung, der theoretische und methodische Rahmen wurde aufgebaut. In enger Kooperation mit der Wirtschaft sowie mit sozialen und öffentlichen Dienstleistern wurden erste Praxisprojekte durchgeführt, die zum einen zeigen konnten, welche Potentiale Service Design für die systematische und kundenorientierte Gestaltung von Dienstleistungen birgt, aber natürlich in den frühen Jahren auch den Lern- und Entwicklungsprozess dieses jungen Design-Bereichs voranbrachten.

Inzwischen gibt es in vielen Ländern dieser Welt die Möglichkeit, Service Design zu studieren. Sei es als Teilbereich einer ganzheitlichen Design-Ausbildung, sei es als eigenständiger Masterstudiengang, sei es als Kooperationsstudiengang zwischen Wirtschafts- und Design-Studiengängen – es hat sich eine ausgesprochene Vielfalt entwickelt.

Isabel Stegmeier und Lisa Flanakin haben sich 2008 in ihrer Diplomarbeit auf die »Customer Journey« begeben: Was passiert, wenn man Service Design studieren möchte, was erlebt man aus der Perspektive der »Kundinnen und Kunden«?

Dabei ist zum einen eine umfassende Übersicht über alle Aus- und Weiterbildungsangebote im Service Design entstanden. Es ist aber im Rahmen der Customer Journey von Flanakin und Stegmeier auch deutlich geworden: So umfangreich und vielfältig die Aus- und Weiterbildungsangebote im Bereich Service Design zwischenzeitlich geworden sind – der Prozess der Professionalisierung und Verstetigung ist noch nicht abgeschlossen, die Suche nach Informationen und die Zugänge zu den Angeboten sind bei weitem noch nicht so transparent, wie man es von etablierteren Design-Ausbildungen kennt und erwartet.

»Die entsprechenden Seiten ausfindig gemacht, gilt es eine weitere Herausforderung zu meistern: das Finden brauchbarer Auskünfte zum Studium und dessen Inhalt. Auf nahezu allen von uns recherchierten Hochschulseiten war der Informationsgehalt – sofern überhaupt auffindbar – erschreckend gering. Selbst wer sich eingehend mit der Beschreibung des Studienganges oder der Kursinhalte beschäftigt, kann daraus in der Regel keine brauchbaren Informationen ziehen. Ähnliches gilt teilweise sogar für die auf einigen wenigen Seiten zum Download angebotenen Studienführer.«

Dies ist natürlich gerade für einen Studiengang, der sich mit der professionellen Gestaltung von Services beschäftigt, sehr ernüchternd.

»Wer nach der zermürbenden Suche nach brauchbaren Auskünften noch immer nicht aufgegeben hat, dem bleibt schließlich nichts anderes übrig, als mit der entsprechenden Stelle Kontakt aufzunehmen. Bei manchen Einrichtungen gibt es dafür sogar einen Ansprechpartner.

Von den im Rahmen unserer Customer Journey per E-Mail angeschriebenen 16 Hochschulen meldete sich gerade einmal die Hälfte zurück. Doch auch hier war die Enttäuschung häufig groß, denn kaum eine Mail beantwortete unsere absichtlich kurz gehaltenen Fragen. Stattdessen waren bei zwei Antwortschreiben die Inhalte der entsprechenden Webseite kurzerhand in die E-Mail kopiert oder es wurde einfach ein Link zu der bereits besuchten Webseite beigefügt (›for further information please visit ...‹). Daneben waren auch kurze Hinweise, dass Master-Kurse in englischer Sprache für das kommende Semester nicht geplant seien, oder eine Aufzählung in englischer Sprache angebotener Kurse eine Möglichkeit auf unsere Fragen ›einzugehen‹.«

Aber: Wer sich für dieses schnell wachsende und zukunftsorientierte Arbeitsfeld interessiert, wird inzwischen fast überall auf der Welt Möglichkeiten und Zugänge finden. Und nicht zuletzt gibt es inzwischen eine Plattform, auf der sich die akademischen Einrichtungen im Bereich Service Design zusammengeschlossen haben: Unter www.service-design-network.org finden Interessenten immer den aktuellen Überblick über die relevanten Hochschulen, Weiterbildungsangebote, über Publikationen, Forschungsprojekte und Veranstaltungen.

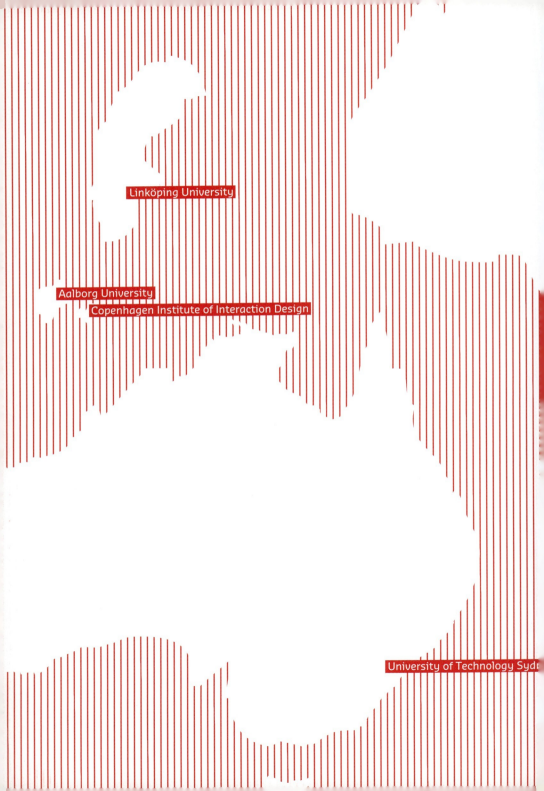

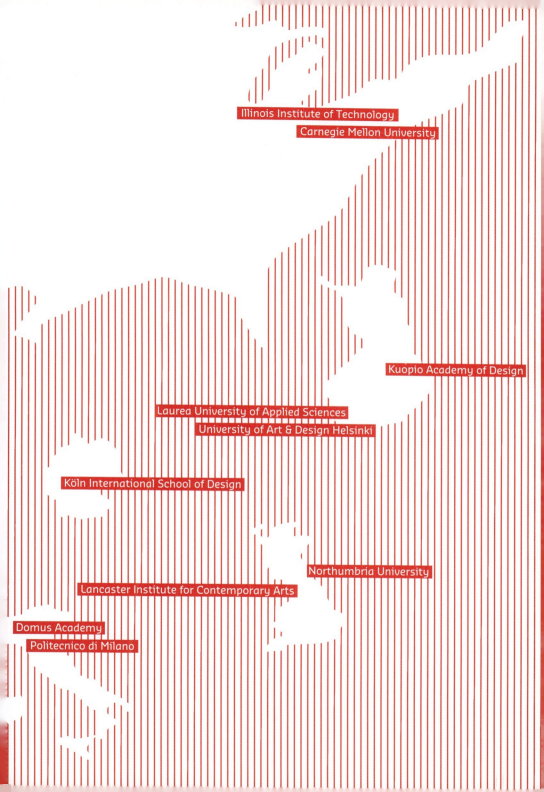

Aber nicht nur die Hochschulen sind im internationalen Service-Design-Netzwerk zusammengeschlossen, auch die Service-Design-Agenturen, die inzwischen auf der ganzen Welt professionelle Service-Design-Projekte für Wirtschaftsunternehmen und im Bereich der sozialen und öffentlichen Dienste anbieten, und die Unternehmen, die Service Design anwenden, sind hier vertreten.

In einigen Ländern hat es in den vergangenen Jahren starke politische Interventionen gegeben, um das Thema Service Design zu fördern. Über die nationalen Design Councils und über konkrete Wirtschaftsförderung wurden Projekte initiiert und evaluiert. Sehr früh und sehr erfolgreich hat der British Design Council sich engagiert, gefördert und gestützt durch die service- und designorientierte Policy der damaligen Blair-Regierung. Unter dem RED Team wurden einige gesellschaftlich hochrelevante Themen mit den Methoden des Service Design bearbeitet, so zum Beispiel die Frage, wie man der Volkskrankheit Diabetes mit neuen Ansätzen begegnen kann, wie die Öffentlichkeit die Dienste ihrer Members of Parliament wahrnimmt oder wie ein bewusster Umgang mit Energie gefördert werden kann. Mit dem von John Thackara initiierten und von der britischen Regierung geförderten Projekt DOTT 07 wurde im Nordwesten Englands über einen Zeitraum von 10 Jahren gezeigt, wie mit Methoden des partizipativen Designs und über Service Design direkt Einfluss auf die Lebensqualität in unserer Gesellschaft genommen werden kann, wie sich in den Bereichen Bildung, Gesundheit oder soziale Verantwortung nachhaltige Service-Innovationen so gestalten lassen, dass dadurch nicht nur neue Angebote entstehen, sondern mit ihnen Verhaltensänderungen und Einstellungsänderungen einhergehen.

Der Design Council Kopenhagen hat in Pilotprojekten Anbieter aus dem öffentlichen Dienst und junge Service-Designer zusammengebracht, um ganz konkrete Innovationen gemeinsam zu entwickeln und zu gestalten – ein Projekt, das unglaublich viel Veränderungsenergie freigesetzt und konkrete, sofort umsetzbare Ergebnisse erbracht hat. Ein ähnliches Projekt ist zurzeit in Kooperation zwischen der Köln International School of Design, dem Design Center Hong Kong und dem Polytechnicum Hong Kong in Vorbereitung.

Die Stadt Eindhoven hat mit den Methoden des Service Design an der Frage gearbeitet, wie man die Lebenssituation drogenabhängiger Prostituierter verbessern kann und ihnen mehr Unabhängigkeit in der Gestaltung ihres Lebens geben kann. Dieses Projekt ist eingebettet in den übergreifenden Ansatz der Stadt, mit den Mitteln des Design die Lebensqualität der Bürgerinnen und Bürger in den Bereichen Sicherheit, Gesundheit, Bildung und Sauberkeit zu verbessern.

Man kann sicherlich sagen, dass in dem Maße, in dem der politische Wille da ist, Projekte zur Verbesserung der Dienstleistungsqualität und zur Innovationsförderung im Dienstleistungssektor mit den Mitteln des Service Design anzustoßen, auch der Boden geschaffen wird für die Gründung und erfolgreiche Entwicklung von Service-Design-Agenturen. Ganz deutlich ist dies eben in England oder in Skandinavien zu beobachten, aber auch in den USA, wo sicherlich mit IDEO eine der renommiertesten Innovations- und Design-Agenturen der Welt das Thema Service Design zu einem Arbeitsfeld in ihrem Leistungsportfolio erklärt hat.

Wenn eine öffentliche Förderung für Service-Design-Projekte gegeben wird, sind die Projekte häufig und sinnvollerweise im öffentlichen und sozialen Kontext verankert.

So gibt es eine beeindruckende Vielzahl erfolgreicher Projekte in diesem Bereich, zu denen in absehbarer Zeit eine eigene Publikation erscheinen wird. Aber auch die Wirtschaft arbeitet erfolgreich und mit zunehmender Intensität mit Service-Design-Agenturen zusammen. Banken, Versicherungen, Telekommunikationsanbieter, IT-Unternehmen, Caterer, Handelsunternehmen, Fluggesellschaften, Verlage, Energiekonzerne, produzierende Unternehmen, die die produktbegleitenden oder produktunabhängigen Services profitabler gestalten oder innovieren wollen – die Bandbreite der erfolgreichen Service-Design-Projekte mit der Wirtschaft ist enorm.

Einzelne Unternehmen haben Service-Designer eingestellt, viele haben inzwischen die Themen »Customer Experience und Service Design« ganz weit oben auf die Liste ihrer strategischen Themen gesetzt und arbeiten in diesem Bereich mit Service-Design-Agenturen zusammen.

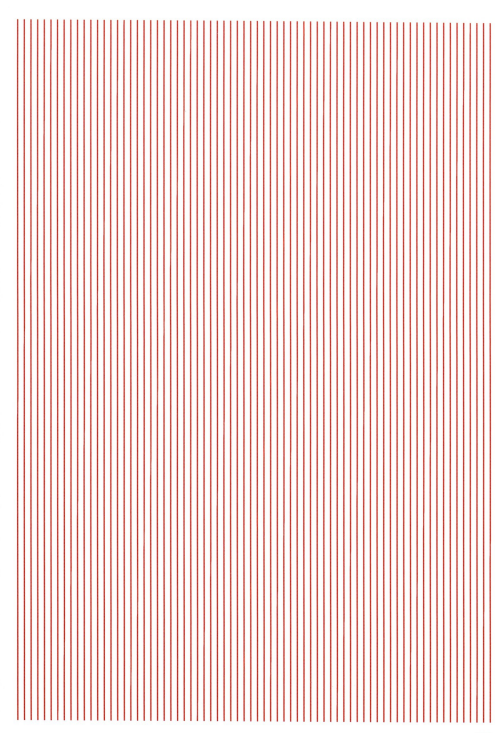

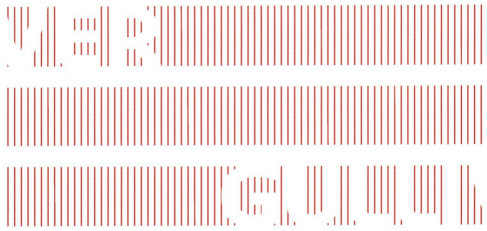

Zwischen ehemals leerstehenden unterirdischen Toilettenanlagen in der Kölner Innenstadt und der Eröffnung von Gulliver, der Überlebensstation für Obdachlose, liegt ein Service-Design-Projekt. Schwer nachzuvollziehen für viele Menschen, die heute noch glauben, Design wäre für das Schöne und Teure zuständig, für das Gestylte und Exklusive. Weit gefehlt. Problemerkennung ist eine der zentralen Kompetenzen im Service Design. In umfassenden Beobachtungsstudien auf der Straße, in Selbstexperimenten und in zahlreichen Gesprächen versetzten sich Studierende in diesem Design-Projekt in den Lebensalltag von Obdachlosen. Und stellten dabei fest, dass ein Problem die überlebensnahe Basisversorgung obdachloser Menschen ist.

Service Design heißt in diesem Fall: Postfächer, die für das Leben eines Menschen in unserer Gesellschaft unabdingbar sind, denn ohne Adresse ist man nahezu nicht existent – zumindest in Belangen der ordentlichen Verwaltung. Eine minimale ambulante ärztliche Versorgung, die kleine Wunden behandelt, bevor daraus gravierende gesundheitliche Probleme entstehen, und die bei größeren Problemen weitervermittelt. Ein Faxzugang – heute das Internet. Waschräume, eine Dusche, eine Waschmaschine, ein Tagesruheraum, eine Kleiderkammer, ein heißes Getränk. All diese Angebote wurden im Service-Design-Konzept für Gulliver integriert.

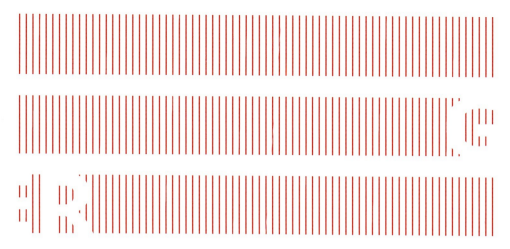

Auch die Organisationsstrukturen wurden gestaltet: Viele der anfallenden Arbeiten werden von den Obdachlosen selbst übernommen. Es entstand ein Konzept, das die Würde der Gäste großschreibt, sie in ihren Bedürfnissen ernst nimmt sowie in der materiellen Gestaltung auf Qualität achtet. Dass Gulliver heute existiert, ist der besonderen Fähigkeit von Designerinnen und Designern zu verdanken, Konzepte zu entwickeln und so zu visualisieren, dass sie eine begeisternde Vorstellung von einer noch nicht existenten Zukunft kreieren – und so diese Zukunft möglich machen. Und es ist dem unglaublichen Engagement vieler Menschen zu verdanken, die sich auf der Grundlage des Konzepts fünf Jahre lang für die Realisierung eingesetzt haben. In der kleinen Publikation »Erbsensuppe ohne Speck«, die in einem Folgeprojekt von Service-Design-Studierenden als Evaluation und Weiterentwicklung des Gulliver-Projekts entstanden ist, kann man viele Details nachlesen.

In Kooperation mit der Siemens-Betriebskrankenkasse wurde in diesem Projekt den Fragen nachgegangen, wie sich das Erleben und die Bedürfnisse von Frauen während der Schwangerschaft verändern und an welchen Stellen eine Krankenkasse mit innovativen Serviceangeboten hier tatsächlich einen Nutzen kreieren kann. In einer Vorstudie wurde in Blogs und Foren, in der Literatur und in ersten Interviews recherchiert, was die Frauen bewegt. Dann wurde eine Explorationsgruppe mit schwangeren Frauen in unterschiedlichen Phasen der Schwangerschaft zusammengestellt, die über sechs Wochen mit den verschiedenen Service-Design-Methoden begleitet wurde. Regelmäßige Besuche durch das Forschungsteam und die gemeinsame Verrichtung alltäglicher Pflichten und Erledigungen boten Raum für kontextuelle Interviews

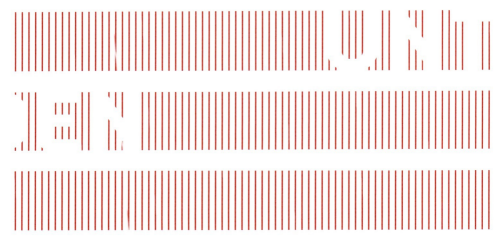

und Beobachtungsstudien, aber auch für Übungen wie das sogenannte Info-Ranking oder das Selbstwahrnehmungsbarometer. Selbstexplorationstools regten die Frauen zu einer vertieften Selbstwahrnehmung an und gaben ihnen einfache Möglichkeiten, ihre Erkenntnisse und Wahrnehmungen zu dokumentieren. So war das akustische Tagebuch auf einem Diktiergerät eine unglaublich ergiebige Quelle für das Forschungsteam, aber auch die Kamera, mit der die Frauen Eindrücke aus dem Alltag dokumentierten, gab interessante Einblicke in die Lebenswelt.

Im Sinne des ganzheitlichen und systembezogenen Service-Design-Ansatzes wurde parallel mit den Vätern gearbeitet und andere wichtige Stakeholder im System rund um die Schwangerschaft so wie Ärzte oder Hebammen wurden eingebunden. Neben vielen kleinen innovativen Services wurde als Herzstück des Projektes dann das Portal »rundum schwanger« entwickelt, eine Plattform, die die unterschied-

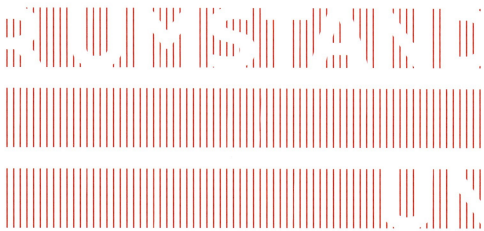

lichsten Serviceleistungen bündelt, wie zum Beispiel die »Runde Nummer«, eine 24-Stunden-Hotline für Schwangere, den Hebammen-Finder, Netzwerkbereiche, in denen Schwangere Kontakt zu anderen Schwangeren aufnehmen können, maßgeschneiderte Newsletter rund um die Schwangerschaft, einen Downloadbereich mit Formblättern, die sonst mühsam an den verschiedensten Stellen organisiert werden müssen, den Vaterschaftspass und vieles mehr. Zumindest einen oberflächlichen Blick auf das Portal kann man auch als nicht SBK-Versicherter unter https://unser baby.sbk.org/sbk_baby/index.jsp bekommen, dem Online-Portal für werdende Eltern.

Mit »Levenskracht« wurde im Auftrag der Stadt Eindhoven ein innovativer sozialer Dienst entwickelt, der drogenabhängige Prostituierte auf dem Weg in ein selbstbestimmteres Leben unterstützen soll. Die Stadt hatte über die Einrichtung der »Tippelzone« im Jahr 2003 schon einen deutlichen Fortschritt gemacht, hatte die Sicherheit im öffentlichen Raum, aber auch die Sicherheit und Gesundheit der Frauen verbessert und mit Hilfe der Heilsarmee einen relativ stabilen Kontakt zu den Frauen aufgebaut. Allerdings war es langfristig nicht akzeptabel, Steuergelder in die Stabilisierung einer Situation zu stecken, in der keine Weiterentwicklung aus der Illegalität und der Prostitution aus Abhängigkeit und Not betrieben stattfindet.

Das Konzept für Levenskracht wurde in einem Service-Design-Projekt in Zusammenarbeit mit den betroffenen Frauen, den sozialen Einrichtungen, der Politik und den

Bürgern der Stadt Eindhoven entwickelt. Einige grundlegende Service-Design-Prinzipien haben in der Arbeit an dem Konzept Anwendung gefunden:

||||  Den Fokus auf den Nutzen für den Kunden richten: Die Service-Organisation Levenskracht baut auf bestehenden Strukturen auf und entwickelt diese weiter, indem ein formalisiertes Netzwerk zwischen den Hilfsorganisationen und sozialen Einrichtungen in Eindhoven geschaffen wird und daraus eine Betreuungsstruktur entsteht, in der die Frauen eine Ansprechpartnerin für alle Belange haben und so eine ganzheitliche und intensive Begleitung möglich ist, in der die Lücken des sozialen Netzes geschlossen sind. So ist das Service-System synchronisiert und intensiviert, die Services werden nützlicher und leichter nutzbar.

||||  Das ganze Bild betrachten: Das Projekt Levenskracht betrachtet das gesamte System um die Prostitution herum. Denn nur wenn das System sich ändert, besteht auch eine Chance, dass sich für die Frauen etwas ändert. So werden die Kunden, die Zuhälter, die zumeist auch die Drogendealer sind, die Industrie und die Politik

genauso mit in den Analyse- und Gestaltungsprozess eingebunden wie das soziale Betreuungssystem.

|||| Ein lernendes Produkt gestalten: Der Veränderungsprozess braucht viel Zeit und es muss ein Service-System geschaffen werden, das im Prozess kontinuierlich lernt und das seine Angebote an die sich verändernden Bedürfnisse und Herausforderungen anpasst. So sind kontinuierliche Begleitung und Evaluation wichtige Komponenten des Konzepts.

|||| Flexible Standards: Levenskracht berücksichtigt, dass es nicht die »eine Lösung« gibt – die Frauen haben ausgesprochen unterschiedliche Bedürfnisse und Fähigkeiten. Die Service-Angebote von Levenskracht müssen von daher auf der Grundlage von Standards genügend Raum für die »Customization«, die bedarfsorientierte und flexible Adaption der Entwicklungspfade lassen.

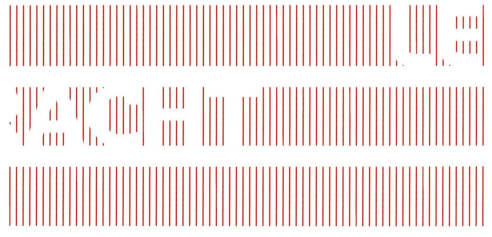

**||||** Service Design ist Co-Creation: Die Entwicklung und die Erbringung der Services von Levenskracht erfolgen in enger Kooperation mit den Nutzerinnen, mit den Frauen. Es geht um geteilte Verantwortung – in diesem Sinne ist Levenskracht eine Dienstleistung, die nicht »bedient«, sondern die ein System der Kollaboration aufbaut.

Im ersten Jahr wird das Konzept von Levenskracht in einer Pilotphase getestet und aus den Erfahrungen heraus weiterentwickelt. Zu dem Projekt Levenskracht gibt es eine kleine Publikation, die bei sedes-research auch als kostenloser Download im Internet verfügbar ist.

**>>>** Mehr zu den Service-Design-Prinzipien ist nachzulesen in den »Service Design Basics«. Aktuelle Fallstudien finden sich auf sedes-research.de und service-design-network.org

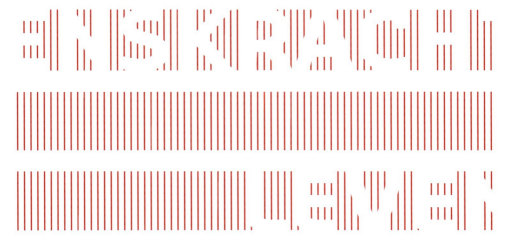

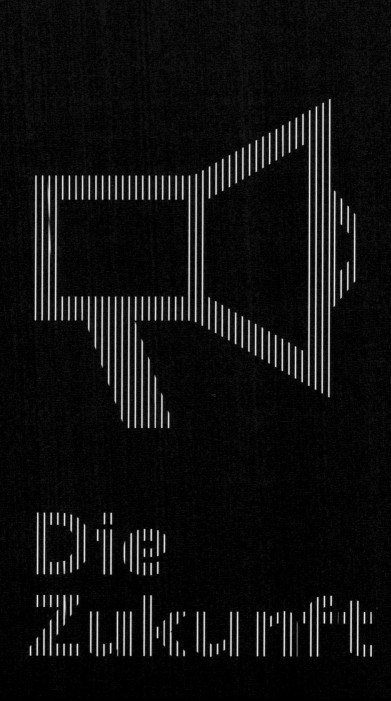

Durch eine Herangehensweise, bei der der Mensch im Mittelpunkt steht, hilft die Innovations- und Design-Agentur IDEO ihren Kunden, sich in der rasend schnell verändernden und hochkomplexen heutigen Welt besser orientieren zu können und deren Möglichkeiten für sich zu nutzen.

Analysen der Welt von heute stimulieren seit Jahren unsere Leidenschaft für Ideen für die Welt von morgen. Was wir dabei sehen, sind Organisationen, die sich grundlegenden Veränderungen unterziehen. Es geht nicht mehr allein um geschäftliche Bilanzen, mehr und mehr versuchen Firmen, zusätzlich auch einen gesellschaftlichen und ökologischen Beitrag mit ihrer Arbeit zu leisten.

Was steckt dahinter? In erster Linie ist dieser Trend auf die Verbraucher zurückzuführen. Neue Technologien ermöglichen eine Vielfalt von Arten des Kaufens. So können Versicherungen beispielsweise in der Hauptgeschäftsstraße, im Internet, im Supermarkt, am Telefon oder über einen Berater erworben werden. Doch obwohl die Auswahl wohl nie größer war, lässt die Qualität der Dienstleistungen oft mehr als zu wünschen übrig. Wenn einem allerdings einmal eine Dienstleistung von hoher Qualität angeboten wurde, gilt diese dann als Maßstab für alle anderen Dienstleistungserfahrungen. Mehr und mehr Verbraucher fragen sich entsprechend: »Wenn ich mittlerweile meine Lebensmittel auf die Stunde genau liefern lassen kann, warum können dann meine Strom- und Wasserzähler nicht zu einer vorher festgelegten und mir passenden Zeit abgelesen werden?«

Diese Stunde der Wahrheit, in der der Verbraucher eine Dienstleistung hautnah erlebt, kann enorme Konsequenzen haben. Eine jüngst von McKinsey durchgeführte Umfrage zeigte, dass eine negative Erfahrung bei einer Dienstleistung die Wahrscheinlichkeit einer weiteren Inanspruchnahme um 72% reduziert, während erstaunlicherweise eine positive Erfahrung die Wahrscheinlichkeit um 87% erhöht.

Neuere Technologien machen den Vergleich solcher Erfahrungen und den Austausch darüber leichter und weitreichender. Allein das Internet und seine unzähligen Foren ermöglichen es Verbrauchern, offizielle Vermarktungsstrategien und Werbeversprechen links liegen zu lassen und sich stattdessen direkt und unmittelbar mit anderen Nutzern der Dienstleistung oder des Produktes auszutauschen. Ein gutes Beispiel dafür ist »Tripadvisor«, eine sogenannte »peer-to-peer«-Plattform, die Ansichten und persönliche Erfahrungsberichte von Tausenden Reisenden aus aller Welt sammelt und online zugänglich macht.

Größeres Wissen und eine breitere Auswahl bringen aber oft auch Verwirrung und Verunsicherung auf Seiten der Verbraucher mit sich. Das Bewusstsein für ökologische und soziale Belange führte in den letzten Jahren zu einer explosionsartigen Zunahme an Faktoren, die beim Kauf zu bedenken sind. Ein Kunde, der das Gemüseangebot eines beliebigen größeren Supermarkts betrachtet, sieht sich mit einer erschreckenden Vielfalt an Entscheidungen konfrontiert: Soll ich einen Bauer aus Entwicklungsland X unterstützen statt meinen regionalen Anbieter? Aber was ist, wenn der regionale Anbieter kein Bio-Bauer ist? Sollte ich fair gehandelte Produkte kaufen, obwohl die Umweltbelastung durch den langen Transportweg dieser Produkte viel höher ist?

Um sich im Wettbewerb zu differenzieren, stellen Firmen den Verbrauchern ein Überangebot an umweltbewussten und sozialverträglichen Produkten zur Auswahl. Wenn zum Beispiel ein Kunde von HSBC (Hongkong and Shanghai Banking Corporation) ein Produkt aus dem umweltfreundlichen Angebot der Bank, dem sogenannten »green sale« kauft, spendet HSBC einen bestimmten Betrag an eine Umweltorganisation.

Ein weiteres Beispiel ist Aviva, einer der weltweit größten Versicherungsanbieter, der nun auch der erste Versicherer der Welt werden will, der keine $CO_2$-Gase produziert.

Gleichzeitig müssen Firmen kontinuierlich auf den wachsenden Druck seitens der Gesetzgeber oder Regulierungsbehörden reagieren. Autohersteller zum Beispiel müssen Modelle bauen, die weniger Schadstoffe ausstoßen. Energieanbieter werden gezwungen, einen immer größeren Teil der von ihnen produzierten Energie aus erneuerbaren Quellen zu beziehen.

Das Interesse von Firmen, einen positiven gesellschaftlichen und ökologischen Beitrag zu leisten, wird außerdem vom sogenannten »new establishment« vorangetrieben. Dieser Begriff bezieht sich auf eine Generation von Entscheidungsträgern in Politik und Wirtschaft, die ihren Einfluss mit einem erhöhten Umwelt- und Sozialbewusstsein verbinden. In der politischen Landschaft Europas gehören die Grünen mittlerweile quasi zum Mainstream und gewinnen auch weltweit schnell an Einfluss.

Menschen wie Bill und Melinda Gates bringen durch ihre Stiftung gut finanzierte Innovationen im Bereich des Gesundheitswesens und der Bildung in arme Länder in aller Welt.

Jedoch sind die hier genannten Hintergründe für ein wachsendes Interesse an sozialen und ökologischen Belangen seitens großer Firmen nur die eine Hälfte der Geschichte. Die andere Hälfte dreht sich um die Frage, wie Dienstleistungen gestaltet sein oder werden müssen, um diesem Interesse gerecht zu werden.

Wir von IDEO glauben, dass Service Design in Zukunft konsequenter werden sollte. Es sollte sich nicht nur auf die Bedürfnisse der Verbraucher konzentrieren, sondern auch darauf, ihr Verhalten zu verändern. Unsere Erfahrungen zeigen, dass Letzteres vor allem durch eine kompromisslose Herangehensweise im Service Design erreicht wird. Eine Herangehensweise, die in der gesamten Service Ecology direkt mit den Menschen in Kontakt ist und die Frage nach dem Nutzen der Dienstleistung beantwortet, fördert Verhaltensänderung.

Um Nutzer von Dienstleistungen für eine Änderung ihres Verhaltens zu begeistern, müssen Dienstleistungen kostendeckend, komfortabel und zielgruppengerecht gestaltet sein. Menschen sind eher bereit, ihr Verhalten zu ändern, wenn es sie nichts kostet beziehungsweise – und das ist dann noch effektiver – wenn sie sogar Geld dafür bekommen. Ein Beispiel für Letzteres ist der Rück-Verkauf gesparter Energie an das Versorgungsunternehmen. Gleiches gilt für den Komfort. Ein Beispiel dafür ist »Streetcar«, ein Mietservice für Autos und Transporter, der es dem Kunden erlaubt, das von ihm gemietete Fahrzeug nahe seiner Wohnung zu parken, statt es wieder zum Mietservice zurückbringen zu müssen. Wenn man nichts an Komfort einbüßt, stellen sich Verhaltensänderungen fast von selbst ein. Letztlich kann auch das Verhalten der Masse das Verhalten des Einzelnen stark beeinflussen. Wenn in einem Hotelbadezimmer der Versuch unternommen wird, die Menge an Schmutzwäsche zu verringern, indem auf einem Schild zu lesen ist, dass »99% der Gäste ihre Handtücher mehrmals benutzen«, ist das deutlich effektiver als die Aufschrift: »Wenn Sie Ihr Tuch wieder benutzen möchten, hängen Sie es bitte auf den Handtuchhalter.«

Um Veränderungen im Verhalten hervorzurufen, muss die Gestaltung von Dienstleistungen nicht mehr nur auf den Endverbraucher fokussieren, sondern auch einen ganzheitlichen Ansatz für die jeweilige Service Ecology bieten. Hier ein Beispiel für unseren ganzheitlichen Ansatz: Als Kaiser Permanente, ein US-amerikanischer Anbieter im Gesundheitswesen, IDEO beauftragte, den Schichtwechsel des Pflegepersonals innerhalb der Krankenhausstrukturen zu optimieren, ging es für uns um mehr als nur eine Überprüfung des Informationsflusses bei diesen Schichtwechseln. Wir untersuchten vielmehr die zahlreichen Faktoren, die bei diesem Vorgang eine Rolle spielen. Diese beinhalteten unter anderem die personelle Besetzung der einzelnen Stationen, Laborarbeiten, Bettenplan und Transport von Patienten. Wir organisierten Treffen mit Krankenschwestern, Ärzten und Mitarbeitern aus der Verwaltung, um entsprechende Informationen auszutauschen. Alle daran beteiligten Personen trugen zur Entwicklung von Prototypen bei, die später getestet wurden. Der Effekt dieses ganzheitlichen Ansatzes ging weit über nachhaltige Verbesserungen der Informationsübertragung beim Schichtwechsel hinaus. Es gab zusätzliche Veränderungen in der internen Terminplanung und Software-Veränderungen, die wiederum zur Verringerung der Vorbereitungszeit bei Behandlungen und zur Verbesserung des Patientenschutzes führten.

Die Zeichen verdichten sich, dass der ganzheitliche Ansatz im Service Design langsam auf dem Vormarsch ist. Hier nur einige Beispiele: Der NHS (National Health Service) in Großbritannien ergänzte das vom Staat verabschiedete öffentliche Rauchverbot mit einem umfangreichen und vielfach publizierten Programm zum Nikotinentzug.

Krankenkassen bieten günstigere Beiträge für Kunden an, die verbilligt Mitglied eines Fitness-Studios werden. Verbraucher können mittlerweile im Internet genau herausfinden, welche Plantage ihre Dole-Biobananen produziert hat. Dazu müssen sie lediglich unter www.doleorganic.com einen dreistelligen Code eingeben, der auf jeder Banane aufgedruckt ist.

Bei IDEO betrachten wir die Auswirkungen, die soziale und ökologische Ansätze von Firmen auf Service Design haben, als begeisternde Herausforderung. Wir glauben fest daran, dass mit Hilfe von Service Design diese Ansätze noch besser entwickelt und umgesetzt werden können.

Dies liegt daran, dass die Gestaltung von Dienstleistungen inhärent kollaborativ ist und durch interaktive und multidisziplinäre Zusammenarbeit Probleme löst. Durch die bei diesem Prozess angewendete Methode des »Storytelling« werden Themen greifbarer gemacht, und durch die Experimentierfreude bei der Gestaltung können

Prototypen entworfen werden, die mögliche Risikofaktoren schon im Vorfeld aufzeigen und damit reduzieren. Bei unserer Arbeit im Bereich Service Design legen wir großen Wert auf Empathie. Sie zieht sich wie ein roter Faden durch unsere Projekte und versetzt uns in die Lage, unterschwellige menschliche Verhaltensstrukturen zu entdecken und ihre Nuancen zu verstehen. Wir sind davon überzeugt, dass eine »Archäologie zum menschlichen Verhalten« eine geläufige Methode im Rahmen von Design-Prozessen werden kann. Ein einfaches, aber aufschlussreiches Beispiel einer derartigen Archäologie ist die Fähigkeit, eine überraschend genaue Rekonstruktion einer Lebensgeschichte anhand der mit »Artefakten« gefüllten Hand- oder Brieftasche einer bestimmten Person liefern zu können.

In diesem Sinne blicken wir als Designer optimistisch in die Zukunft und fordern die Entscheidungsträger in Wirtschaft und Politik auf, das Gleiche zu tun. Sie werden unseren Optimismus teilen können, sobald sie sich mit Begeisterung und Aufgeschlossenheit der Zusammenarbeit, dem Austausch und Experimentieren verschreiben.

Um wirklich einen sinnvollen sozialen und ökologischen Beitrag zu leisten, sollten

Firmen das Experimentieren als notwendigen Prozess auf dem Weg zu Innovationen schützen und über den jährlichen Gewinn- und Verlustzyklus hinaus finanziell fördern.

Ein Beispiel für derartiges zukunftsorientiertes Denken und Handeln liefert InnoCentive, ein offenes Netzwerk für Innovationen, dem über 135.000 kreative Denker, Ingenieure, Wissenschaftler, Erfinder und Geschäftsleute aus der ganzen Welt angehören. Die Mitglieder von InnoCentive kommen in über 600 »Projekträumen« zusammen, um Lösungen für die großen Probleme des 21. Jahrhunderts zu finden. Wenn man diesen »Open Source«-Ansatz mit dem konsequenten und ganzheitlichen Ansatz des Service Design verbinden würde, hätten wirtschaftliche und politische Entscheidungsträger, Verbraucher und Designer allen Grund, optimistisch in die Zukunft zu blicken.

**Fran Samalionis**

In gewissem Sinne ist jedes Projekt im Bereich Service Design immer auch Forschung.

Bezogen auf das jeweilige Projekt geht es um die Erforschung von Systemzusammenhängen, die Erforschung von Bedürfnis- und Erlebenswelten, aber auch um die Erforschung von Strukturen, Prozessen und Kulturen. Zugleich ist jedes Projekt Forschung für neue Methoden und Arbeitsweisen im Service Design, denn wir versuchen kontinuierlich an der theoretischen und methodischen Weiterentwicklung zu arbeiten.

Neben dieser als anwendungsorientiert zu betrachtenden Forschung gibt es im Bereich Service Design auch Forschung zu sehr grundlegenden Fragen der Dienstleistungsgestaltung:

International Service Cultures So wurde beispielsweise in einem großen Forschungsprojekt in Kooperation mit so heterogenen Forschungspartnern wie McDonald's, Nokia und Siemens der Frage nachgegangen, inwieweit es kulturell bedingte Unterschiede in den Erwartungen an und dem Umgang mit Dienstleistungen gibt. Aufbauend auf schon vorliegenden Studien zu interkulturellen Unterschieden – insbesondere Hofstede – wurden einige Online-Werkzeuge entwickelt, die verschiedene Zugänge zu den kulturellen Besonderheiten erlaubten. Besonders interessant aus methodischer Sicht waren in diesem Forschungsprojekt die Online-Anwendung des Semantischen Differentials von Osgood im interkulturellen Vergleich und die Entwicklung eines Online-Tools zur spielerischen Arbeit mit sogenannten »Culture Cards«. Diese Culture Cards bieten in den drei servicerelevanten Kategorien »Processes, People, Physical Evidences« insgesamt 30 Deskriptoren zur Auswahl, und schon über die Farbcodierung der drei Kategorien werden auf den ersten Blick Unterschiede in den kulturellen

Präferenzen deutlich. Diese Culture Cards haben sich später übrigens auch hervorragend in der Arbeit zu unternehmensspezifischen Fragen der Service-Kultur bewährt – in kürzester Zeit lässt sich ein so komplexes und schwieriges Thema wie Kultur mit diesem einfachen Werkzeug sichtbar und somit modellierbar machen.

Die im Forschungsprojekt entwickelten Online-Tools wurden in 12 Sprachen übersetzt und in 16 ausgewählten Schlüsselländern eingesetzt. Die Ergebnisse aus der Studie – die man aufgrund der länderspezifisch sehr unterschiedlichen Teilnehmerzahlen im Moment tatsächlich noch als Vorstudie bezeichnen muss – sind unter http://www.service-design.de/sedes/projekte/isc/ einsehbar.

Service – Ein Kunststück Dienstleistungen sind komplexe Gebilde, die das Zusammenspiel unterschiedlichster Prozesse, Menschen und Maschinen mit Kunden von oft ausgeprägter Individualität erforderlich machen. Die Wechselwirkung der verschiedenen Dimensionen in der Service-Entwicklung, -Gestaltung und -Erbringung ist mit linearen Denk-, Organisations- und Darstellungsformen oft nicht angemessen zu erfassen – und die »Seele« der Dienstleistung, das Erlebnis und die Erfahrung, die mit dem Konsum einer Dienstleistung verbunden sind, können mit tradierten Werkzeugen nur unzureichend entwickelt, erfasst und kommuniziert werden.

Vereinzelt sind in den vergangenen 10 Jahren im Service-Marketing und im Service Design Ansätze entwickelt worden, mit kunstanalogen Denk- und Organisationsmodellen und Werkzeugen zu arbeiten. Grundlegende Untersuchungen zu Einsatzmöglichkeiten des Genrebegriffs, vorbereitende Studien zu Anwendungsmöglichkeiten von Stilanalysen und Style-Charts, filmanaloge Methoden wie Skripte, Drehbücher, Rollenbeschreibungen, Service Enacting und Stage Setting sind in der Theorie angerissen und in Facetten in der Praxis erprobt worden. Begriffe wie Service-Inszenierung und Service-Dramaturgien, Requisiten, Front Stage und Back Stage finden immer wieder Anwendung, und auch von Orchestrierung ist vereinzelt die Rede. Diese Kategorien entspringen alle gleichermaßen Kunstrichtungen, in denen es um die Gestaltung und Organisation von Erleben und Erfahrung im Verlauf von Zeit geht. Es scheint, dass derartige kunstanaloge Kategorien die Dynamik und Komplexität von Service gut abbilden, dass sie der Vielschichtigkeit, Interaktivität und Lebendigkeit von Service-Systemen entgegenkommen. Der Versuch einer systematischen Analyse der kunstanalogen Denk- und Darstellungsformen und ihrer Anwendungsmöglichkeiten in der Entwicklung und Gestaltung von Service-Systemen wurde in dem von der OMV, Österreich, geförderten Forschungsprojekt »Service – ein Kunststück« unternommen. Die intensive Auseinandersetzung mit den darstellenden Künsten hat – wie zu erwarten war – gezeigt, dass innerhalb der Kunstformen die Heterogenität an Strukturen, Prozessen, Interaktions- und Notationsformen überwältigend groß ist – in der ganzen Vielfalt liegt ein unglaublich inspirierendes Potential für den adaptierten Transfer in die Dienstleistungswelt. So zum Beispiel Organisationsstrukturen, die um das Geschehen auf der Bühne kreisen, Rollen, die für die Dramaturgie und Choreographie des Bühnenerlebnisses verantwortlich sind, oder Notationsformen, wie zum Beispiel Tanznotationen, in denen es gelingt, den linearen Ablauf und die emotionalen Expressionen zusammenzubringen. Eine Geschichte am Rande: Im Royal Opera House in London, das wir im Rahmen des Forschungsprojekts besuchten, stehen in allen Büros Fernsehgeräte. Der Laie denkt: »Cool, bei der Arbeit fernsehen« – aber nichts dergleichen. Der Fernseher ermöglicht allen Organisationseinheiten, sei es Buchhaltung oder Einkauf, zu jeder Zeit den Blick auf die Bühne – und damit wird deutlich, wo die Musik spielt, wo die Begeisterung erzeugt wird und wo über Erfolg oder Misserfolg der Unternehmung entschieden wird.

Aus dem Forschungsprojekt sind neben der Konzeption neuer Rollen im Service, neuer Organisationsstrukturen und innovativer Notationsformen auch spielerische Interventionen für die Entwicklung von Serviceteams entstanden sowie ein Konzept für kurze und intensive Service-Improvisationen, die im Front-Stage-Bereich der Sensibilisierung von Service-Mitarbeitern dienen und die ermutigen, an Rollen zu arbeiten und sie weiterzuentwickeln.

In einem aktuell laufenden Forschungsprojekt geht es um Enthusiasmus. Alle reden von der Begeisterung, die es beim Kunden zu entfachen gilt. Und in einer recht einfachen und schematischen Form gibt es auch Modelle, die das Phänomen Begeisterung im Service-Bereich einordnen – zum Beispiel das Noriako-Kano-Modell, das zwischen Hygiene-, Leistungs- und Begeisterungsfaktoren unterscheidet, wobei Hygienefaktoren solche Faktoren im Service sind, die zu Unzufriedenheit führen, wenn sie nicht erfüllt sind, aber keine Zufriedenheit auslösen, wenn sie erfüllt sind – Selbstverständlichkeiten also. Leistungsfaktoren sind solche, die Zufriedenheit auslösen, wenn sie erfüllt sind, aber auch Unzufriedenheit auslösen können, wenn sie nicht erfüllt sind. Und schlussendlich die Begeisterungsfaktoren – die die Erwartungen des Kunden übertreffen und somit nur positive Gefühle auslösen, wenn sie da sind. Jedoch – was verbirgt sich hinter diesen Begeisterungsfaktoren? Wir haben in den vergangenen Monaten knapp 200 qualitative Kurzbefragungen durchgeführt, teilweise in einem extra dafür aufgesetzten Online Blog, teilweise in Interviews, und haben mit faktorenanalytischen Verfahren neun Dimensionen der Begeisterung herausgearbeitet, die nun im Service Design als eine Inspirationsquelle für Service-Innovationen eingesetzt werden.

Ein Ausblick zum Abschluss Zukünftig wird auch im internationalen Service Design Network an gemeinsamen Forschungsprojekten gearbeitet, die ersten internationalen Konferenzen, die seit 2006 regelmäßig stattfinden, haben dafür den Grundstein gelegt. Das Service Design Journal »Touchpoint« erscheint erstmalig im November

2008 und wird dann viermal jährlich über aktuelle Projekte und Forschungsergebnisse, über Menschen und Organisationen berichten. Service Design ist ein noch relativ junges Arbeitsfeld im Design, es entwickelt sich jedoch mit einer schier unglaublichen Dynamik und bietet hervorragende Perspektiven für junge Designerinnen und Designer, die analytisch und konzeptionell denken und arbeiten, die Interesse an komplexen Strukturen an den Schnittstellen zwischen Menschen, Organisationen, Prozessen und sinnlich wahrnehmbaren Evidenzen haben und die mutig genug sind, traditionelle Pfade zu verlassen und sich auf spannende Projekte in interdisziplinären Teams einzulassen.

Ich hoffe, dieses Buch wird dabei helfen, bei Studierenden und potentiellen Studierenden, aber auch bei Menschen in Unternehmen, Hochschulen oder Behörden, in sozialen Einrichtungen und Non-Profit-Organisationen ein erstes Verständnis für dieses spannende Thema zu wecken und neugierig zu machen auf mehr – in Form von Lektüre, Studium, Konferenzteilnahmen, Workshops oder aber Projekten, die in Unternehmen angestoßen werden. Bei der Suche nach weiterführenden und ergänzenden Pfaden sollen die Literatur- und Linkempfehlungen im Anhang helfen – aber selbstverständlich steht auch die Autorin zur Verfügung – unter info@service-design.de freue ich mich über Rückmeldungen zu dem Buch, aber auch über Fragen und Anregungen!

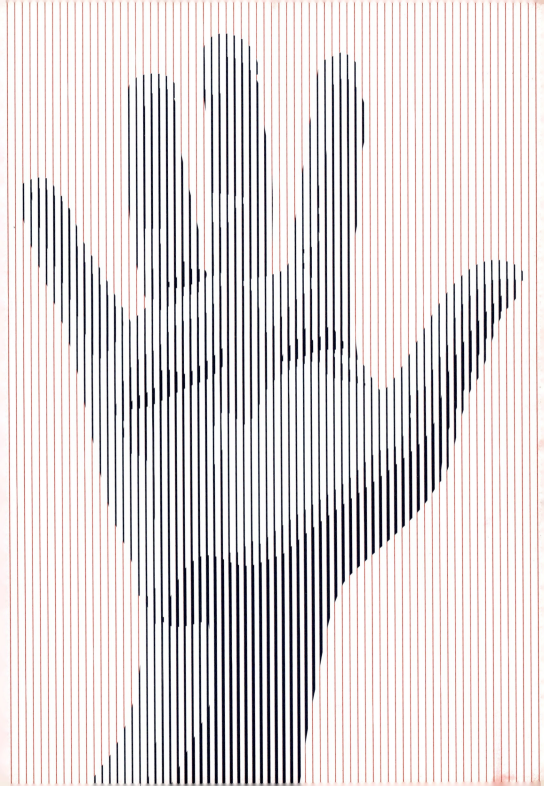

## Glossar

**Benchmarks** Unter Benchmarks versteht man Vergleichsgrößen, an und mit denen Anbieter sich messen. Benchmarks können Kennzahlen aus der eigenen Branche sein, aber auch Vergleiche mit Kennzahlen und Konzepten von Unternehmen aus anderen Branchen – eine Vorgehensweise, die dann auch dem Konzepttransfer und der Innovationsentwicklung, also dem Entwerfen von Zukunft dienen kann und nicht einfach nur dem Messen von Vergangenheit.

**Competitive Advantage** Mit dem Wandel von Anbietermärkten zu Konsumentenmärkten wuchs der Druck auf die Anbieter, sich abzuheben, im Vergleich zu den Mitbewerbern in bestimmten Merkmalen klar unterscheidbar und attraktiver zu sein – also einen deutlichen Wettbewerbsvorteil zu entwickeln und zu kommunizieren. Diese Herausforderung ist heute für produzierende Unternehmen und für Dienstleister noch größer geworden, da die Konsumenten nicht nur regional, sondern weltweit zwischen Angeboten vergleichen können und häufig die Leistungen auch problemlos aus den unterschiedlichsten Kanälen beziehen können. Produzierende Unternehmen in den westlichen Industrienationen können ihren »Competitive Advantage« häufig nicht über den Preis formulieren und nutzen Dienstleistungen und Leistungsbündel aus Produkten und Dienstleistungen, um einen Unterschied aufzuzeigen.
Aber auch reine Dienstleister stehen vor der Herausforderung, ihrem Kunden ein Angebot zu machen, das sie vom Wettbewerb deutlich unterscheidet.

**Customer Co-Creation** Im Service Design ist es notwendig, Kunden in alle Phasen des Gestaltungsprozesses einzubinden, um deren Interessen und Bedürfnisse möglichst optimal berücksichtigen zu können. Diese Einbindung von Kunden in den Design-Prozess ist aber nur eine Facette der Co-Creation. Eine andere bedeutungsvolle Facette ist die Einbindung von Kundinnen und Kunden in das Erbringungssystem der Dienstleistung, sodass sie nicht nur passive Konsumenten, sondern aktive Produzenten von Wert und Sinn sein können.

**Customer Journey** Dienstleistungen gehen nicht in den Besitz von Konsumenten über, sie stellen Erlebnisse und Erfahrungen dar, die ein Mensch über die Zeit macht. Die Customer Journey zeichnet die Reise des Kunden nach und veranschaulicht, welches die Wünsche, Bedürfnisse und Motoren der Reise sind und welche Erlebnisse und Erfahrungen gemacht werden. Die Customer Journey kann eingesetzt werden, um Erfahrungen mit bestehenden Dienstleistungen zu veranschaulichen und modellierbar zu machen, sie kann aber auch eingesetzt werden, um neue Dienstleistungen zu entwerfen und zu gestalten.

**Ethnographische Forschung** Ein Überbegriff für Methoden, die in der Kulturpsychologie und der Kultursoziologie, der Völkerkunde und der Ethnologie eingesetzt werden, um andere Kulturen mit ihren Werten und Normen, ihren Verhaltensweisen und Beziehungsstrukturen, ihren Bedürfnissen und ihren Produktionen zu verstehen. In der Adaption dieser Methoden auf Design-Projekte manifestiert sich ein Forschungsverständnis, das zunächst einmal den Forschungskontext als etwas »Fremdes« begreift – etwas, das zum Staunen und Wundern Anlass gibt, etwas, das durch behutsame Annäherung, teilnehmende Beobachtung, Umkreisen und Befragen tatsächlich neue Perspektiven und Einsichten zulässt.

**Etymologie** Die Etymologie beschäftigt sich mit der Herkunft und den ursprünglichen Bedeutungen von Begriffen. Das etymologische Wörterbuch kann in frühen Phasen der Design-Recherche interessante Aufschlüsse geben über die Wortgeschichte und somit auch über Prozesse des Wandels, die ein Begriff durchlaufen hat. Oft hilft die Befragung des etymologischen Wörterbuchs, um Facetten eines Themas zu entdecken, die sich auf den ersten Blick und ohne ein Wissen um wortgeschichtliche Hintergründe nicht erschlossen hätten.

**Experience Design** Waren es anfänglich im Design doch materielle Produktionen, die im Mittelpunkt der Gestaltung standen, so wurde spätestens mit dem Interface Design deutlich, dass es nicht um die Gestaltung von Produkten, Entitäten, also von Letztheiten geht, sondern um die Gestaltung von Erfahrungen, von Prozessen, die in einem lebendigen Austausch zwischen Nutzern und Angeboten entstehen. Eine wichtige Prämisse im Experience Design ist es, dass Designer schlussendlich nicht Erfahrungen gestalten können, sondern nur Rahmenbedingungen, die bestimmte Erfahrungen möglich machen.

**Mock-ups** Eine Vorstufe der Prototypen-Entwicklung, in der mit sehr einfachen Mitteln eine noch nicht existierende Realität simuliert wird. Man könnte sie auch als Platzhalter bezeichnen, sie sind einfach und banal – dennoch sehr wirkungsvoll, da sie Menschen dazu bringen, von der rein verbalen zur visuellen und agierenden Ebene zu wechseln.

**Persona** Der Begriff Persona wurde im Design-Kontext erstmals von Alan Cooper im Bereich des Interaction Design eingesetzt. Personas sind prototypische Kundensteckbriefe. Diese sehr anschaulich ausgearbeiteten Klischees von Kunden stellen im Service-Design-Prozess eine ständige Quelle der Reflektion und Inspiration für die Betrachtung und Überarbeitung der Dienstleistung aus der Kundenperspektive dar.

**Prototyping** Mit Prototyping bezeichnet man eine Arbeitsweise im Design, die auf die Simulation noch nicht existierender Wirklichkeiten abzielt, um diese vorstellbar, agierbar und modellierbar zu machen. Während Mock-ups (s.o.) mit sehr einfachen Mitteln auf die sinnlich erfahrbare Ebene führen, können Prototypen schon sehr realitätsnahe und anwendbare Modelle sein. Prototypen im materiellen Design sind häufig Modelle oder CAD-Simulationen, im Service Design sind es meist Storyboards, Filme oder Animationen.

**Semantisches Differential** Das semantische Differential ist ein von Charles Osgood Anfang der 50er-Jahre entwickeltes Verfahren, mit dem die Konnotationen zu einem Thema oder Begriff untersucht werden können, oder wie er es in dem 1957 veröffentlichten Artikel »The Measurement of Meaning« selber beschreibt, eine Kombination aus assoziativem und bewertendem Verfahren, mit dem die Bedeutung erfasst wird, die etwas für einen Menschen hat.

**Service Blueprinting** Dienstleistungen sind, anders als materielle Produkte, unsichtbar. Der Service Blueprint wurde in den 80er-Jahren von Mary Joe Bittner entwickelt und war ein erster erfolgreicher Versuch, dieses immaterielle Service-Produkt einer Modellierung zugänglich zu machen. Der Service Blueprint hat erstmals die »Line of Visibility« eingeführt, also die Sichtbarkeitslinie, die deutlich den Bereich definiert, in dem das eigentliche Service-Erlebnis stattfindet, und somit den Raum, in dem es gestaltet werden muss.

**Service-Evidenzen** Service-Evidenzen sind die sinnlich wahrnehmbaren Aspekte der Touchpoints. Dabei kann unterschieden werden zwischen den Evidenzen, die im Besitz des Dienstleistungsanbieters bleiben, und den Evidenzen, die in den Besitz des Kunden übergehen. Service-Evidenzen machen die immaterielle Dienstleistung sinnlich wahrnehmbar und sind ein wichtiger Aspekt des Gestaltungsprozesses im Service Design.

**Service Interface** Man könnte hier auch von der »Service-Schnittstelle« sprechen, also von der Schnittstelle zwischen dem Anbieter einer Dienstleistung und den Nutzern. Allerdings impliziert der Begriff Schnittstelle schon einen Schnitt, einen Graben an der »Kundenfront« – da ist der Anglizismus sehr viel freundlicher, indem hier von einem »Zwischengesicht« die Rede ist, also sozusagen der geteilten Welt der Erfahrungen und Sichtweisen zwischen Anbieter und Nutzer. Und genau dieses »Zwischengesicht« gilt es im Service Design zu gestalten.

**Service-Taylorismus** Die Untergliederung von Arbeitsprozessen in kleine Teilschritte zwecks Erhöhung der Produktivität, so wie von Frederick Taylor wissenschaftlich erforscht und in der industriellen Produktion erfolgreich umgesetzt. Kompetenz und Verantwortlichkeiten an den einzelnen Stationen der Fließbandproduktion werden minimiert. Diese Denkweise übertragen auf die Welt der Dienstleistung führt zu den hinlänglich bekannten langen Fluren mit Fachabteilungen und Unterfachabteilungen, an denen Kunden sich entlanghangeln, um ihre Anliegen zu einer Lösung zu führen.

Was zumindest in Teilaspekten in der industriellen Produktion Sinn macht – hier erwirbt der Kunde ein fertiges Produkt und ist nicht am Produktionsprozess beteiligt –, das ist im Kontext der Dienstleistung, in der Kunden am Produktionsprozess partizipieren, oft kontraproduktiv.

**Stakeholder** In der direkten Übersetzung wären Stakeholder »Karten-im-Spiel-Haber«, also Personen oder Institutionen, die direkt oder indirekt in ein System involviert sind, entweder weil sie als Akteure direkt dazu beitragen, weil sie als Interessengruppen indirekt betroffen sind oder weil sie selbst Einfluss nehmen wollen.

**Tertiärer Sektor** In der Betrachtung der Ökonomie wird traditionell zwischen dem primären Sektor, der Land- und Forstwirtschaft, dem sekundären Sektor, der verarbeitenden und produzierenden Industrie und dem tertiären Sektor, dem Dienstleistungssektor, unterschieden. War in frühen Gesellschaftsformen der primäre Sektor ganz wesentlicher Wirtschaftsfaktor, so wuchs kontinuierlich die Bedeutung des sekundären Sektors, enorm beschleunigt durch die industrielle Revolution. Seit Mitte des 20. Jahrhunderts ist jedoch der tertiäre Sektor zum dominanten Wirtschaftsfaktor in den westlichen und östlichen Industrienationen geworden. Mit diesem Wandel einher geht auch die Auflösung einer scharfen Unterscheidbarkeit von Produkt und Dienstleistung. In allen materiellen Produkten sind Dienstleistungsanteile integriert, so wie in allen Dienstleistungen materielle Komponenten zum Tragen kommen. So spricht man heute häufig von »Produkt-Dienstleistungs-Einheiten«.

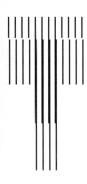

**Touchpoints** Die Kundenkontaktpunkte, also Touchpoints, sind die Stellen, an denen Kunden auf ihrer Customer Journey tatsächlich mit dem Dienstleistungsanbieter in Berührung kommen. Im Service-Design-Prozess werden Touchpoints zum einen daraufhin befragt, ob sie in ihrer Funktionalität und Form tatsächlich den Bedürfnissen der Kundinnen und Kunden gerecht werden, zum anderen werden natürlich auch Anzahl und Positionierung dieser Touchpoints auf der Kundenreise hinterfragt und bearbeitet.

**User-Centered Approach** Eine in der Design-Tradition verankerte Herangehensweise, die den Nutzer zum Dreh- und Angelpunkt des Entwurfs- und Gestaltungsprozesses macht. Damit grenzt sich die Arbeitsweise des Designs deutlich ab von dem, was traditionell die Arbeitsweise von Ingenieuren kennzeichnet, nämlich die Fokussierung auf das technisch Mögliche. Designerinnen und Designer betrachten das Interface einer Lösung – sei es ein Produkt, eine Information oder eine Dienstleistung – mit den Augen der Nutzer von außen, während Ingenieure es üblicherweise von innen denken.

Bartlett, Jamie | Leadbeater, Charles: *Making it Personal.* Demos, 2008.
ISBN 978-1-84180-196

Cooper, Alan | Reimann, Robert: *About Face 2.0 – The essentials of Interaction Design.* Indianapolis: Wiley Publishing, Inc., 2003.
ISBN 0-7645-2641-3

Erlhoff, Michael | Mager, Birgit | Manzini, Ezio: *Dienstleistung braucht Design – Professioneller Produkt- und Marktauftritt.* Neuwied, Kriftel, Berlin: Luchterhand, 1997 (vergriffen).
ISBN 3-472-02257-4

Mager, Birgit: *Service Design,* in: Erlhoff, Michael | Marshall, Timothy (Hg.): *Design Dictionary – Perspectives on Design Terminology Series: Board of International Research in Design.* A Birkhäuser book, 2008.
ISBN 978-3-7643-7739-7

Hofstede, Geert: *Culture's Consequences – Comparing Values, Behaviors, Institutions and Organizations Across Nations.* London: Thousand Oaks, 2. Auflage, 2001.
ISBN 0-8039-7323-3

Mager, Birgit (Hg.): *Service Design – A Review.* Köln: Köln International School of Design, 2004.
ISBN 3-9808573-1-x

Mager, Birgit (Hg.): *Erbsensuppe ohne Speck – Obdachlose und ihr Leben in Köln.* Köln: Köln International School of Design, 2006.
ISBN 3-9808573-5-2

Mager, Birgit: *10 Service Design Basic Cards.* Köln, 2006.
ISBN 3-9808573-7-9

Mager, Birgit | von Papstein, Patricia | Steinle, Andreas:
*Service Märkte – die neuen Dienstleister.* Zukunftsinstitut, 2006.
ISBN 3-938284-18-8

Mager, Birgit (Hg.): *Levenskracht – Yearbook Magazine.* Köln:
Köln International School of Design, 2008.
ISBN 3-9808573-1-x

Mager, Birgit: *Zwischen Notdurft und Bedürfnis: Ein Designprojekt mit Folgen,* in: Erlhoff, Michael | Heidkamp, Philipp | Utikal, Iris (Hg.): *Designing Public – Perspectives for the Public / Perspektiven für die Öffentlichkeit.* Birkhäuser Verlag, 2008.
ISBN 978-3-7643-8667-2

Mager, Birgit | Evenson, Shelley: *Art of Service: Drawing the arts to inform service design and specification,* in: Hefley, Bill | Murphy, Wendy (Hg.): *Service Science, Management and Engineering – Education for the 21st Century.* Springer, 1. Auflage, 2008.
ISBN 978-0-387-76577-8

Mogridge, Bill: *Designing Interactions.* Cambridge, Massachusetts, London: The MIT Press, 2003.
ISBN 987-0-262-13474-3

Parker, Sophia | Heapy, Joe: *The Journey to the Interface – How public service design can connect users to reform.* PricewaterhouseCoopers & Demos, 2006.
ISBN 184-180-164-x

Rheinfrank, John | Evenson, Shelley: *Interaction Design Language,* in: *»Bringing design to software«.* 1996.
ISBN 0-201-85491-0

Saffer, Dan: *Designing for Interaction – Creating Smart Applications and Clever Devices (Voices That Matter).* New Riders, 1. Auflage, 2006.
ISBN 978-0321432063

UK service sector businesses: *Excellence in Service Innovation.* CBI/QinetiQ report on innovation, 2008.
ISBN 978-0-85201-686-2

**Downloads/Artikel**

Bradwell, Peter | Marr, Sarah: *Making the most of collaboration – an international survey of public service co-design.* Demos report 23 in association with PwC's Public Sector Research Centre, 2008.
pdf unter http://www.demos.co.uk/publications

Cottam, Hilary | Leadbeater, Charles / Design Council: *Red Paper 01: Health – Co-creating Services.* 2004.
pdf unter www.designcouncil.org.uk

Design Council | Burns, Colin | Cottam, Hilary | Vanstone, Chris | Winhall, Jennie: *RED PAPER 02 – Transformation Design.* 2006.
pdf unter http://www.designcouncil.info/mt/RED/transformationdesign

Engine | Wales | SEEdesign: *Design for service – Design for service: a guide to help SMEs innovate their services.* 1999.
pdf unter http://www.enginegroup.co.uk/projects/pai_page/design_for_service

Lockwood, Mathew | Murray, Robin / Design Council: *Future Currents Designing For a Changing Climate.* 2005.
www.futurecurrents.org / pdf unter http://www.designcouncil.info/mt/RED/health

Moritz, Stefan: *Service Design – Practical Access to an Evolving Field.* 2005.
pdf unter http://www.service-design.de

The Public Administration Select Committee (PASC):
*User Involvement in Public Services.* 2008.
pdf unter http://www.parliament.uk/parliamentary_committees/
public_administration_select_committee/pasc0708pn29.cfm

Vanstone, Chris | Winhall, Jennie / Design Council:
*Activmobs: Active Ageing.* 2005.
pdf unter http://www.designcouncil.info/mt/RED/health/

**Service-Design-Agenturen**

http://www.dcontinuum.com

http://www.designthinkers.nl

http://www.egobeta.fi

http://www.enginegroup.co.uk

http://www.experientia.com

http://www.ideo.com

http://www.imagination.lancaster.ac.uk

http://www.livework.co.uk

http://www.participle.net

http://www.sedes-consult.de

http://www.service-design.de

http://www.servicedesigner.info

http://www.stby.eu

http://www.the-hub.net

http://www.thinkpublic.com

http://www.t-huis.info

http://www.zestinnovation.co.uk

http://www.31v.nl

**Hochschulen**

http://www.design.cmu.edu

http://www.designkuopio.fi/english

http://www.domusacademy.com/

http://www.institutewithoutboundaries.com

http://www.iade.fi/en

http://www.kisd.de

http://www.liu.se/en

http://www.laurea.fi/internet/fi

http://www.nextd.org

### Forschung

http://www.demos.co.uk
http://www.imagination.lancaster.ac.uk/
http://www.sedes-research.de/
http://www.stby.eu.

### Andere

http://www.choosenick.com
http://www.culminatum.fi/english
http://www.design.cmu.edu/emergence/2007
http://www.designcouncil.org.uk
http://www.designfactfinder.co.uk/
http://www.dott07.com
http://www.massivechange.com
http://www.sedes-social.de
http://www.sustainable-everyday.net
http://www.uscreates.com
http://www.wethinkthebook.net/home.aspx
http://www.worldchanging.com/index.html

### Networks

http://www.doorsofperception.com
http://www.service-design-network.org

Birgit Mager hat seit 1995 das Lehrgebiet für Service Design an der Köln International School of Design der Fachhochschule Köln aufgebaut. Mit ihren Projekten, Vorträgen und Publikationen hat sie Service Design national und international verankert. Auch Seminare, Kongresse und Ausstellungen zum Thema Service Design sind in den letzten Jahren entstanden – unter anderem im Rahmen von Forschungsprojekten im Auftrag des BMBF.

Mit Vorträgen und Workshops ist sie weltweit eine der renommiertesten Vertreterinnen dieses innovativen Arbeitsfeldes im Design. Als Gründungsmitglied des Internationalen Service-Design-Netzwerks und als Gründerin und Leiterin von sedes|research und sedes|social engagiert sie sich für die Verankerung von Service Design in Forschung und Lehre auf internationaler Ebene. Birgit Mager ist Mitglied in zahlreichen Jurys und Beiräten und sie ist Pro-Dekanin der Fakultät für Kultur- und Geisteswissenschaften an der University of Applied Sciences in Köln.

Michael Gais betreibt seit 1994 das Designbüro QWER zusammen mit Iris Utikal in Köln. Zu seinen Kunden gehören Städte und Kommunen, kulturelle Institutionen und Unternehmen aus der Wirtschaft. Die Projektergebnisse in den Bereichen Corporate Design und visuelle Kommunikation wurden international zahlreich ausgezeichnet und ausgestellt. 2004 erschien das Buch »Flowing Design« mit Arbeiten von QWER in englischer und chinesischer Sprache. Seit 2002 hat Michael Gais eine Professur in dem Lehrgebiet Typografie und Layout an der Köln International School of Design der Fachhochschule Köln und gibt seine Erfahrungen bei internationalen Kongressen und Workshops weiter. Die Gestaltung des vorliegenden Buches entstand in Zusammenarbeit mit Jasmin Zierz, Diplom Designerin aus Bonn.

**Ein herzlicher Dank gilt unseren Gastautorinnen:**

Shelley Evenson ist Professorin und Leiterin des Diplom-Studiengangs an der School of Design, Carnegie Mellon University, Pittsburgh, Pennsylvania.

Shelley unterrichtet im Bereich Interaction und Service Design. Ihre Arbeit konzentriert sich darauf, tiefe Einblicke in die Bedürfnisse der Öffentlichkeit zu gewinnen, die besten Möglichkeiten zu definieren, um diese Bedürfnisse zu befriedigen, und diese Ansätze schnell in Prototypen umzusetzen, diese dabei kontinuierlich mit Hilfe von Feedback umzugestalten und anzupassen.

Vor ihrer akademischen Karriere hat Shelley Evenson als Mitgründerin von »seeSpace« und Chief Experience Strategist bei Scient mehr als 25 Jahre Erfahrung in multidisziplinären Beratungsmethoden gesammelt. Sie hat mit Klienten an einer breiten Vielzahl von Design- und Entwicklungsprojekten gearbeitet.

Von 1997 bis 1998 war Shelley Evenson im Nierenberg Chair of Design – eine Gastprofessur, die ihr aufgrund ihrer nationalen und internationalen Bedeutung im Bereich Design angeboten wurde. Ihre gegenwärtigen Interessen sind unter anderem Designsprachen und -strategien, die Entwicklung von Prototypen, organisatorische Interfaces, Service Design und alles das, was über benutzerzentriertes Design hinausgeht.

Jennie Winhall ist Design-Strategin und Service-Designerin. Sie leitet das Design-Team bei Participle, einem sozialen Unternehmen, das neue öffentliche Dienstleistungen kreiert. Als Leiterin des Bereichs »benutzerzentrierte Design-Prozesse« entwickelt sie, aufbauend auf den Erfahrungen und den Ideen der Service-Benutzer und der Front-Line-Mitarbeiter, Dienstleistungen, die innovativ und finanziell realisierbar sind.

Bis vor kurzem war Jennie Winhall Senior Design Strategist für den britischen Design Council. Während dieser Zeit hat sie Methoden entwickelt, um unter Einbeziehung von Kunden und Mitarbeitern das Erlebnis von Services im öffentlichen Sektor, zum Beispiel für Schulen und den öffentlichen Transport, zu verbessern. Als Projektleiterin bei der Service-Design-Agentur live|work arbeitete sie mit dem NHS Institute for Innovation and Improvement daran, den Innovationsprozess für Primary Care Trusts in England zu entwickeln.

Jennie Winhall hat Produktdesign an der Glasgow School of Art und Psychologie an der Open University studiert. Ihre Arbeit wurde vom D&AD, vom RSA, dem deutschen Red Dot Award und von der australischen Design Association ausgezeichnet. Sie hat für Design-Agenturen in Großbritannien, Indien, Australien und Frankreich gearbeitet.

Fran Samalionis ist Leiterin der weltweiten IDEO Service Design und -Innovations-Projekte. Seit mehr als 10 Jahren arbeitet sie an der Entwicklung von Service-Strategien sowie daran, neue, kommerziell entwicklungsfähige Dienstleistungen zu erschaffen, die begehrenswert und durchführbar sind. In den USA und Europa hat sie in den unterschiedlichsten Industrien wie Medien und Unterhaltung, Finanzdienstleistungen, Lebensmittel, Verbraucherprodukte, Nachrichtentechniken, Energie, im Gesundheitsbereich und Einzelverkauf gearbeitet. Heute leitet sie im Bereich Service Design die strategischen Kundenbeziehungen mit Organisationen wie BBC, EMAP, Egg, Procter Gamble, T-Mobile, O2, Shell, Nokia, Bertelsmann, Pret-à-Manger and San Francisco Museum of Modern Art.

Fran hält regelmäßig Vorträge über Service Design und über Innovationen als Antrieb für Wachstum. Ihre Expertise in diesem Bereich ist von der Industrie, den Medien und Hochschulen auf der ganzen Welt gefragt, so zum Beispiel in der London Business School, der Royal Society of Art, Royal College of Arts oder der Köln International School of Design. Sie ist regelmäßiger Gast bei innerbetrieblichen Veranstaltungen der BBC, von O2 und Egg zur Entwicklung einer Innovationskultur.